셰익스피어 영감노트

14SAINO TAMENO SHAKESPEARE

Copyright ⓒ Ryunosuke Kimura 2024
First published in Japan in 2024 by DAIWA SHOBO Co., Ltd.
Korean translation rights arranged with DAIWA SHOBO Co., Ltd.
through BC Agency.
Korean edition copyright ⓒ 2025 by GILBUT PUBLISHING CO., LTD.

이 책의 한국어 판 저작권은 BC에이전시를 통해
저작권자와 독점계약을 맺은 (주)도서출판 길벗에 있습니다.
저작권법에 의해 한국 내에서 보호를 받는 저작물이므로 무단전재와 복제를 금합니다.

읽고 쓰는 모든 사람을 위한 고전 수업

셰익스피어 영감노트

The Shakespeare Notebook

기무라 류노스케 저
김소영 역

더퀘스트

차례

프롤로그 | 9
프로필 | 19
셰익스피어의 이름 | 20
그가 살았던 1564~1616년 | 22
혼란과 발견의 시대 | 24
인류에게 온 메신저 | 26

제1막 말의 시간
말, 말, 말 | 31
난폭하고 위험천만한 말 | 35
'좋아해요'가 넘쳐흐르는 말 | 40
타인을 움직이는 말 | 44
"오 로미오"에 모두 담겨 있다 | 49
서서히 의미가 뒤바뀌는 말 | 53
본질을 찔러버리는 말 | 57
모두의 운명을 건드리는 한 줄 | 60
만약 내가 셰익스피어라면? | 65

제2막 이야기의 시간

세계 크리에이터들이 사랑한 '설계도' | 73

다시 읽어도 시시해지지 않는 비결 | 75

알고 보면 똑같다? 그의 '2가지 구조' | 80

셰익스피어는 표절의 도사!? | 83

그가 떨어뜨린 에센스 한 방울 —『오셀로』| 85

사업이 성공하려면 반드시 필요한 것 —『베니스의 상인』| 88

하루종일 SNS를 올리는 왕자? —『햄릿』| 91

있을 수 없는 설정의 힘 —『리어왕』| 94

왜 다들 이렇게 독특할까? | 97

셰익스피어 스토리는 대규모 세계 모델 | 99

제3막 낭독의 시간

냉동건조된 활자를 해동시키자 | 105

『리어왕』한중간의 외침 | 108

셰익스피어식 호흡의 법칙 | 114

황야를 펼치고 바람을 부르는 말 | 118

셰익스피어를 읽으면 이상하게 힘이 난다 | 122

『한여름 밤의 꿈』은 로맨틱하지만, 동시에… | 125

감정은 원래 엉망진창 | 132

인간임을 온몸으로 즐기자! | 136

제4막 연출의 시간

또 하나의 행성을 만드는 일 | 143
셰익스피어 책의 세계를 '아이쇼핑' | 146
연출가의 읽는 법 | 148
나만의 '끌림 포인트' 찾기 | 150
끔찍하게 잔혹한 『타이터스 앤드로니커스』 | 152
수많은 작품 중 왜 '이것'? ―작품 선택의 동기 | 155
화석에서 먼지 털기 ―작품 이해하는 법 1 | 158
겉모습 안을 들여다보면 ―작품 이해하는 법 2 | 160
미래로 던지는 질문―작품 이해하는 법 3 | 163
'만약'을 사용해서 머릿속 캐스팅을 즐기자! | 165
말에 목소리가 생기는 리허설 | 169
어떤 '장소'가 어울릴까? | 171
"이 세상 전부가 하나의 무대" | 178
이제 당신 차례입니다! | 181

제5막 타임머신의 시간

좋고 나쁨을 알 수 없는 시대 | 191
배가 세상을 하나로 만든 시대 | 194
셰익스피어, 탄생 | 197
장미전쟁은 스타워즈!? | 200
셰익스피어식 흥행 전략 | 202
프로파간다? 하지만 사실은…… | 205
역사극에서 '최애' 캐릭터 찾기! | 208

셰익스피어의 두 얼굴 | 210

빛과 그림자가 혼재하는 런던 | 213

8년간의 공백과 셰익스피어식 '출세법' | 215

멋진 인간을 꿈꾼 르네상스의 열기 | 218

셰익스피어의 시대를 지나 우리 자신의 시간으로 | 221

과외수업 번역의 시간

원문, 직역, 번역은 어떻게 다를까? | 227

글자 하나 고친 '투모로우 스피치' | 232

그 유명한 『햄릿』의 대사를 어떻게 번역해야 할까? | 237

번역문을 다시 영어로 번역하면 | 240

"셰익스피어니까 뭐든 괜찮지 않나요?" | 243

여성의 대사를 어떻게 번역할까? | 247

셰익스피어의 '홍보 담당' | 251

AI 줄리엣에게 고민 상담!? | 254

늘 도전하는 셰익스피어 | 259

부록

셰익스피어 연표 | 265

셰익스피어 주요 캐릭터 도감 | 270

성격유형별 추천 작품 | 279

에필로그 | 291

프롤로그

 여러분, 안녕하세요. 셰익스피어 작품을 중심으로 무대 연출을 하고 있는 기무라 류노스케입니다. 배우와 스태프들과 함께 셰익스피어의 말에 에너지를 불어넣어 그 누구도 본 적 없는 새로운 세계(무대)를 만드는 일을 합니다.
 여러분은 셰익스피어라는 사람을 알고 계시나요? 16~17세기에 살았던 극작가인데, 그의 작품인 『로미오와 줄리엣』『햄릿』『맥베스』『리어왕』 같은 작품을 알고 있거나 읽어봤거나 또는 공연이나 영화를 봤다는 분들도 있을 겁니다. 작품 자체를 읽진 않았어도 디즈니 애니메이션 〈라이온 킹〉, 뮤지컬 〈웨스트 사이드 스토리〉 등 셰익스피어의 영향을 받은 작품을 접한 적이 있을 수도 있겠고요. "사느냐, 죽느냐. 그것이 문제로다" "오 로미오, 로미오. 당신은 왜 로미오인가요?" 같은 유명한 대사를 기억하는 분도 있을 거예요. 하지만 상당히 오래전에 살았던 인물인 데다가 말투도 요즘 말과는 다릅니다. 예스럽고 어려운 이미지가 있을지도 모르지요.
 그런데 생각해보세요. 셰익스피어가 살던 시대로부터 400년

이상이 흘렀습니다. 그만큼 오랜 시간이 지났는데도 여전히 대부분의 사람이 알고, 하물며 작품 제목까지 들어본 적이 있다? 그뿐만 아니라 스토리나 대사까지도 알고 있다? 이건 꽤나, 아니, 터무니없을 정도로 엄청난 일입니다.

셰익스피어는 여전히 많은 사람에게 바이블 같은 존재입니다. 각본가 미타니 고키는 NHK 대하드라마를 집필할 때 『헨리 4세』 등 셰익스피어의 작품을 다시 읽고 참고했다고 말했습니다. 또한 우크라이나의 젤렌스키 대통령은 러시아가 우크라이나 침공을 시작한 2022년 영국 의회 연설에서 『햄릿』의 말을 인용해 세계에 호소했습니다. "죽느냐, 사느냐. 지금 저는 분명히 밝힙니다. 살아야 합니다."

엔터테인먼트, 정치, 경제, 심지어 비즈니스 세계에서도, 셰익스피어의 작품과 말은 형태를 바꿔서 또는 옛 형태 그대로 '바로 지금'의 말로 살아 숨 쉬고 있는 것입니다.

전 세계에서 셰익스피어를 모르는 나라는 일단 없습니다. 그는 460년 전 영국에서 태어나 지금까지도 읽히는 37가지 이야기를 상연하고 보는 사람의 혼을 쏙 빼놓은 최고의 스토리텔러입니다. 영국의 수도 런던에 살던 온갖 부류의 사람들— 늙은이와 젊은이, 귀족과 시민이 한 극장에 모여 그가 만든 세계에 몰두했습니다. 지금 우리가 보고 듣는 엔터테인먼트에도 계속해서 영향을 주고 있지요. 영화, 드라마, 음악, 소설, 게임, 예술, 나아가 우리가 평소에 쓰는 말, 사고방식까지요.

어째서 이렇게까지 영향을 주는 걸까요? 작품 자체의 훌륭함은 물론이고 현재도 변함없는 인간과 세상의 본모습, 본질을 리얼하게 그려냈기 때문이라고 생각합니다.

셰익스피어는 인간과 세상의 본질을 '어떤 것'을 사용해 그려냈습니다. 그것은—

> 오 로미오, 로미오.
> 당신은 왜 로미오인가요?
> 『로미오와 줄리엣』

> 자, 온 힘을 다해 일어나라.
> 아침이 오지 않으면
> 밤은 영원히 계속될 테니.
> 『맥베스』

> **아아, 따뜻해!**
> 『겨울 이야기』

> 아직 이곳에 피 비린내가.
> 이 작은 손, 온 아라비아의
> 향료를 끼얹어도
> 좋아지지는 않겠구나.
> **아아! 아아! 아아!**
> 『맥베스』

> 사느냐, 죽느냐.
> 그것이 문제로다.
> 『햄릿』

여기에 살인자는 있는가?
없다.
있다, **나다.**

『리처드 3세』

태어나서 우는 건 말이지,
이 거대한 바보들의 무대로
끌려 나온 게 슬프기 때문이야.

『리어왕』

저것은 크레시다이며 크레시다가 아니다.

『트로일러스와 크레시다』

이제 진짜 죽는다, 죽는다,
죽는다, 죽는다, 죽는다.

『한여름 밤의 꿈』

인간은 어쩜 이리 아름다울까.
아아, 멋진 신세계.

『템페스트』

그렇습니다. 그는 방대한 '말'을 남겼습니다. 그것도 그냥 말이 아닙니다.

'인간이란 참 재미있네! 그렇다면 나도 주인공이 되어 인생이라는 드라마를 마음껏 즐겨보자!'

읽는 사람들 모두가 저런 생각을 하게끔 만드는 말 천지입니다. 재밌을 뿐만 아니라 인생을 살아갈 힘을 주는 말들입니다. 그런 대단한 힘을 가진 셰익스피어이지만 한 가지 난점이 있습니다.

'셰익스피어는 어렵다'는 소문이 마치 사실인 양 속삭여지고 있다는 거예요. 하기야 인간의 본질을 말에 다 쏟아낸 그의 작품들이 살짝 버겁게 느껴질지도 모릅니다. 하지만 셰익스피어를 즐기는 데에는 작은 팁이 있습니다. 그것만 손에 넣으면 너무도 쉽게 이해되고 재미있어진답니다. 그래서 저는 그 셰익스피어 순례 여행에 여러모로 도움을 드리고자 오늘 여러분 앞에 나타난 것입니다.

저는 평소 셰익스피어 작품을 꼼꼼히 읽고 배우들, 스태프와 함께 하나의 세계를 무대 위에 펼쳐내어 최대한 그 매력을 전달하는 연출 일을 하고 있습니다. 셰익스피어를 매우 좋아하지만, 그의 작품과 생애를 연구하는 학자는 아닙니다. 또한 '이게 셰익스피어의 정답이다' '이렇게 해석하는 것이 옳다' '이런 식으로 연기해야 한다'는 것들에는 사실 관심이 없습니다. 그보다는 '지금 이 시점에 셰익스피어를 전달한다면 어떤 방법이 좋을까?' '어떻게 읽어야 세상을 더 깊이 이해할 수 있을까?'의 관점으로 작품을 마주하고 있습니다. 이렇게 작품을 이해하는 일은 곧 인간을 이해하는 일이기도 합니다. 무엇에 끌리고 어떤 문제의식을 가지는지 스스로를 들여다보게 되고, 나아가 세상의 본모습을 조금씩 발견하게 되지요.

셰익스피어의 전 작품을 일본어로 번역한 마쓰오카 가즈코 선생은 이렇게 말했습니다.

"셰익스피어는 '지레짐작의 파괴자'다."

우리는 별생각 없이 지레짐작을 합니다. '이 사건은 이런 걸 거야' 하며 뉴스를 보고, '저 사람은 이런 사람이겠지' 하며 인간관계를 생각합니다. 어쩌면 자기 자신에 대해서도 마찬가지가 아닐까요. '나는 이런 인간이니까' 하며 한 발 나아가는 것을 포기하거나 새로운 시도를 그만두기도 하니까요.

자기 안의 이런 좁은 시야를 깨부수고, 드넓은 세계를 향해 우리를 던져주는 것이 바로 셰익스피어입니다. '지레짐작'을 깨뜨리는 일이 불편한 사람에게는 도움이 안 될지 몰라도, 자신을 둘러싼 껍데기를 깨고 새로운 세상을 보고 싶은 사람에게는 아주 든든한 지원군이 되어주지요. 이 책은 그런 인생 친구가 될 셰익스피어를 만나는 입문서입니다. 셰익스피어의 희곡 구조를 본떠 5막 구성으로 진행합니다.

제1막은 '말의 시간'입니다. 고전으로 분류되는 셰익스피어이지만, 알고 보면 위험한 말들이 꽤 많이 나옵니다. 요즘 세상에서는 '방송 금지'가 될 법한 야만적인 말, 최상급 사랑 고백, 타인을 설득하는 말……. '말의 마술사' 셰익스피어의 핵심에 곧장 다가가봅니다.

제2막은 '이야기의 시간'입니다. 셰익스피어 작품의 매력 중 하나가 숨 막히는 스토리 전개에 있습니다. 그런데 실은 그의 작품 대부분엔 '원작'이 있습니다. 거기에 어떤 편집을 가미했을까요?

제3막은 '낭독의 시간'입니다. 몸을 좀 움직여야 합니다. 대표작 『리어왕』의 한 구절을 여러 각도에서 읽고 표현하고 놀아보는 것이지요. 그러면 감상이 완전히 달라진다고요……?!

제4막은 '연출의 시간'입니다. 말, 이야기, 표현의 관점에서 셰익스피어를 봤으니, 여기서는 과감하게 연출에 도전해볼게요! 연출이라는 게 무슨 일을 하는 것인지, 평소에 제가 연출할 때 무엇을 주의하는지, 『타이터스 앤드로니커스』라는 작품을 소재로 이야기하겠습니다.

제5막은 '타임머신의 시간'입니다. 다루는 본질은 지금 시대와 다를 게 없는 셰익스피어이지만, 그렇다 해도 작품이 쓰인 당시 상황을 알면 이해와 재미가 훨씬 깊어집니다. 셰익스피어 작품을 한층 더 즐길 수 있는 역사 배경과 손이 쉽게 가지 않는 '역사극'이라는 장르의 재미를 마지막에 소개하겠습니다.

그리고 과외 수업으로는, 아까 이름이 나온 번역가 마쓰오카 가즈코 씨에게 번역의 재미를 실컷 물어보는 '번역의 시간'을 마련했습니다. 책 말미에는 여러분 성격에 어울리는 셰익스피어 작품이 무엇인지 알아보는 차트식 작품 소개, 주요 캐릭터 도감 등 셰익스피어의 세계에 즐겁게 입문할 수 있는 페이지를 마련했습니다. 이 부분부터 먼저 봐도 좋습니다!

셰익스피어에 관한 연구서나 입문서는 많이 나와 있지만, 이 책은 일부러 전문적인 해설보다는 재미의 에센스를 추출해서 전해드리는 부분에 신경 썼습니다. 작품 역시 여러분이 아는 유명한 것들을 중심으로 다뤘습니다. 여기에서 흥미가 생겼다면, 다음에는 꼭 셰익스피어의 작품을 더 깊게 즐길 수 있는 해설서를 읽어보세요.

　서두가 길어졌군요. 이제 막이 오를 시간입니다.

　그럼, 모험을 시작합니다!

©Image courtesy of The Metropolitan Museum of Art, Public Domain. Title: William Shakespeare, Engraver: Samuel Cousins, Date: 1849. Object Number: 1986.1180.1631

프로필

이름	윌리엄 셰익스피어
출생	1564년 4월 23일 수요일
사망	1616년 4월 23일 (향년 52세)
별자리	황소자리
고향	영국 잉글랜드 워릭셔주 스트랫퍼드어폰에이번
직업	극작가, 시인, 연출가
가족	아버지 존 셰익스피어 (사업가·읍장)
	어머니 메리 아덴 (워릭셔 지주 가문의 딸)
	배우자 앤 해서웨이 (유복한 농가 출신)
소속	극단 '챔벌레인 경의 부하들' (개칭 '킹스맨')

셰익스피어의 이름

━━━

셰익스피어는 대체 누구일까요? 역사적인 해설을 하기에 앞서 우선 셰익스피어는 '이런 사람이다'라는 것을 말씀드리려고 합니다.

한마디로 말하면, 그는 인간을 '셰이크'하는 천재이자, 인간을 '스피어'하는 천재입니다.

먼저 그는 인간을 '셰이크'했습니다. 셰이크(Shake)의 뜻을 알고 계시나요? 맥도날드 셰이크 할 때 그 셰이크 맞습니다. 다시 말해 '흔들다'란 의미지요. 인간의 마음을 흔들고 깜짝 놀라게 하는 사람. 보는 이들의 감정을 요동치게 한 천재가 바로 셰익스피어인 거예요.

셰익스피어는 극작, 즉 연극의 대본 쓰는 일을 했습니다. 동시에 연출가이기도 했습니다. 이 대본은 이런 식으로 연기하면 재미있겠다 하고 연출 부분에도 직접 손을 댔지요. 만약 지금 그가 살아 있었다면 월트 디즈니와 스티븐 스필버그처럼 온갖 장르의 걸작을 만들어내는 영화감독, 혹은 생각해낸 기획마다 족족 대박을 터뜨리는 유튜버(YouTuber)가 되었을 수도 있겠네요. 그는 자신이 살았던 시대부터 우리가 살고 있는 현재까지 모든 시대의 국경을 뛰어넘어 남녀노소 어떤 신분의 사람이라도 재밌게 볼 수 있는 작품을 창조한 역사상 최고의 엔터테이너였습니다.

보는 사람을 어떤 때는 화들짝 놀라게 하고 어떤 때는 눈물 짓게 하며 어떤 때는 신바람이 나게 하고 어떤 때는 '저 자식 용서할 수 없어!' 하며 두근두근 조마조마하게 만들었지요. 그렇게 인간의 마음을 '셰이크'했다는 것이 셰익스피어의 한 가지 요소입니다.

그리고 그는 인간을 '스피어'하는 천재였습니다. 스피어(Spear)란 '찌르다'를 뜻합니다. '인간은 이런 존재다'를 단적인 말로 표현해낸, 완벽하게 본질을 찔러 전달한 사람입니다. '인간은 이런 식으로 보면 이해할 수 있어' '이런 사건은 이렇게 받아들이면 더 나은 대응이 가능해' 등 앞날을 살아갈 힌트까지 포함해서 인간의 보편성을 말로 표현하는 천재였습니다.

'인간은 이런 존재다'라니, 일상생활만 보낼 때는 좀처럼 알기 어렵지요. 저 역시 자주 헤매고 세상에 대해 아직 모르는 것 투성이입니다. 하지만 어떻게 해야 좋을지 막막할 때, 셰익스피어를 읽으면 본질을 바로 간파하고 있다는 사실에 깜짝 놀라곤 합니다. 사람들은 그의 말을 힌트 삼아 행동함으로써 동서고금을 막론해 더 풍성한 삶을 살고, 즐거운 인생을 누리며, 곤경을 헤쳐 왔습니다. 여러분도 그의 말이나 이야기를 인생에 적용하고 시도해보세요. 그러면 '어떻게 살아가야 하나'라는 물음이 한결 가볍게 느껴지고 문제 해결의 실마리도 보일 거예요. 그리고 무엇보다, 그의 작품은 정말 재미있습니다. 그것이 셰익스피어입니다.

그가 살았던 1564~1616년

인간의 마음을 흔들고(셰이크) 찌른다(스피어). 그의 작품을 단적으로 나타내는 이 이름은 사실 본명입니다. 의도한 필명이 아닌데도 특징이 아주 훌륭하게 나타나 있네요. 그럼 실제로 셰익스피어는 어떤 사람이었을까요?

셰익스피어는 1564년에 태어나 격동의 영국을 살았고, 1616년에 사망했습니다. 1564년부터 1616년. 이 시대가 또 아주 재미있는데, 저는 이 연도를 일본어 음독 "히토고로시 이로이로(일오육사 일육일육)"로 외우곤 합니다. '사람(人 히토)' '죽임(殺し 고로시)' '여럿(いろいろ 이로이로)'을 합친 말장난인데, 셰익스피어가 살았던 전쟁의 시대와 여러 등장인물이 죽는 그의 작품 자체를 떠올리게 하거든요.

그는 영국 런던에서 100마일(약 160킬로미터) 정도 떨어진 '스트랫퍼드어폰에이번(Stratford-upon-Avon)'이라는 시골 마을에서 태어났습니다. 당시 런던에서는 연극이라는 엔터테인먼트가 가장 활활 타오르고 있어서 치열하면서도 재미있었습니다. '나도 저런 연극에 몸담아 보고 싶다, 극작가로 작품을 써보고 싶다'고 생각한 셰익스피어는 평생 약 37편의 작품(40편이라는 최근 연구도 있습니다)을 만들어내고 대박을 터뜨립니다. 『로미오와 줄리엣』『베니스의 상인』『햄릿』『리어왕』 등의 유명작부터 『헨리 6세』『리처드 3세』 등 역사를 소재로 한 작품까지 줄줄이 발표하며 시골 마을 출신의 한 청년이 런던 한복판에서 돌풍을 일으킨 것입니다.

셰익스피어는 극작가이면서 시인이기도 했습니다. 뮤지션으로 치면 작사·작곡을 모두 해내는 비틀즈, 테일러 스위프트, 요아소비처럼, 연극 대본부터 시까지 써내려간 히트메이커였지요.

혼란과 발견의 시대

셰익스피어가 살았던 시대, 1564년부터 1616년까지는 아시아에서 조선과 일본의 임진왜란, 에도 막부 시작, 중국 명나라 왕조가 이어지던 때입니다.

당시 유럽은 대항해 시대 그리고 르네상스 시대를 맞이했습니다. 바닷길을 통해 세계가 이어지고 학문과 예술이 활짝 꽃을 피웠습니다. 세계가 연결되면서 왕래하는 사람과 배들을 통해 대량의 정보가 한꺼번에 런던으로 흘러 들어왔습니다. 매일이 혼란과 발견의 연속이었겠지요. 사회가 다이내믹하게 움직였습니다. 그런 시대의 전환점에 셰익스피어는 태어나 살았습니다.

그는 격동의 시대 속에서 인간의 권모술수, 과학·경제의 발전, 몰락하는 사람들, 그리고 전쟁을 눈앞에 맞닥뜨렸습니다. 거기서 인간의 행위를 면밀히 관찰하고 이야기가 가진 힘을 풀(Full)가동하여 그 감정, 행동, 본질적인 부분을 극히 사실적인 형태로 그려냈습니다.

그래서 셰익스피어의 작품에는 당시의 질퍽거리는 인간관계를 그린 것이 있는가 하면, 인간이란 정말 위대하다 싶을 정도로 아름다운 이야기도 있으며, 지금 세상에는 차마 방송되기 어려운 막장드라마 같은 가십, 그리고 실화를 바탕으로 한 감동 스토리도 담겨 있습니다.

실존 인물이지만 남긴 작품들이 워낙 다채롭다 보니 별별 음모론이 다 있습니다. 예를 들어 셰익스피어란 인물은 사실 존재하지 않고 팀이 공동 집필하여 '셰익스피어'라는 필명으로 작품을 발표했다는 설까지 있을 정도입니다.

인류에게 온 메신저

셰익스피어의 작품은 다양한 방식으로 읽을 수 있는 무한한 가능성을 지니고 있습니다. 이 책에서도 여러 해석을 함께 즐겨볼 텐데요. 예를 들어 SF적인 시선으로 읽어보는 것도 하나의 방법입니다. 셰익스피어의 작품을 400년 전의 고전이 아니라 미래에서 우리에게 보내온 메시지라고 상상해보는 겁니다.

인류가 멸망의 위기에 처하자 살아남은 자들이 37가지 힌트를 과거로 보냈고, 그 메시지를 우연히 받은 셰익스피어가 쉽고 흥미로운 작품으로 만들어 우리에게 남겼다…….

어찌 보면 그의 작품은 더 나은 미래를 위한 지침처럼 읽힐 때가 있거든요. 지금 우리가 겪는 문제를 해결할 실마리가 보이기도 하고, 새로운 미래를 꾸려나갈 용기를 얻기도 합니다. 다소 엉뚱하게 들릴 수도 있지만, 이런 자신만의 시선으로 들여다보면 셰익스피어의 작품은 상상을 초월할 만큼 재미있어진답니다.

자, 이제 그의 작품을 해석하고 즐기는 비결을 하나씩 살펴볼까요?

제1막

말의 시간

ACT 1

TIME for WORDS

ⒸImage courtesy of The Metropolitan Museum of Art, Public Domain. Title: Lady Macbeth (Shakespeare, Macbeth, Act 1, Scene 5), Engraver: James Parker, Date: first published 1800; reissued 1852 Object Number: 42.119.538

말, 말, 말

―――――

 우선 셰익스피어의 '말'을 살펴봅시다. 셰익스피어는 말의 천재였습니다. 그렇다고 어려운 말을 쓴 건 아니고, 누구나 이해할 수 있는 말을 놀잇감처럼 가지고 놀았습니다. 그의 작품을 읽다 보면 '맞아 맞아! 바로 그거야! 내 맘을 어쩜 이리 잘도 콕 집어줬을까' 하는 순간이 찾아옵니다. 감탄이 터져나오며 해방감마저 맛볼 수 있지요. 누구라도 그렇게 공감하고 사용하며 놀 수 있는 말들이 작품 안에 가득가득 담겨 있습니다.
 앞서 보았듯 셰익스피어는 1564~1616년 시대에 살았던 사람으로 지금은 세상을 떠났습니다. 하지만 셰익스피어가 '쓴 말'이 유일하게 남았습니다. 그 말을 전 세계 사람들이 나라와 시대를 초월하여 너나없이 즐기고 해석하고 읊고 있는 것입니다.
 그가 얼마나 '말'에 신경 쓰는지 단적으로 나타내는 작품이 있습니다. 바로 『햄릿』입니다. 셰익스피어의 4대 비극 중 하나로 꼽히는 작품인데 '햄릿'은 주인공 이름입니다. 덴마크의 왕자인 그의 캐릭터를 한마디로 표현하자면 '혼잣말의 달인'입니다.

국왕이자 사랑하는 아버지가 어느 날 갑작스럽게 세상을 떠났습니다. 이제 아버지를 만날 수 없다는 상실감에 빠진 햄릿 앞에 망령이 된 아버지가 나타나 이렇게 말합니다.

"나를 죽인 자는 새 왕이다. 나를 대신해 햄릿이여, 복수해다오."

놀란 햄릿은 깊은 고민에 빠집니다. 고뇌하고 또 고뇌하고, 앞으로 어떻게 행동해야 할지 혼자 중얼거리며 생각을 정리합니다. 마치 말의 미로 속을 이리저리 헤매는 것처럼요. 그런 햄릿이 책을 들여다보고 있었는데, 어떤 사람이 "무슨 책을 읽고 계십니까?" 하고 말을 겁니다. 그러자 햄릿은 이렇게 대답합니다.

> 말, 말, 말들이오.
> Words, words, words.
>
> 『햄릿』 제2막 제2장

무엇을 읽느냐고 물으면 보통은 책의 제목을 말합니다. 그런데 햄릿은 "말, 말, 말"이라고 세 번이나 반복해 '말'을 읽고 있다며 말장난을 치듯 대답합니다. 여기서도 나타나듯, 셰익스피어는 말을 갖고 놀길 아주 좋아합니다.

그렇다면 셰익스피어는 말을 어떤 식으로 사용했을까요?

아주 간단합니다. 최대한 많은 사람이 자기 감성대로 상상하며 즐길 수 있게 사용했습니다. 앞서 예로 든 『햄릿』을 보면 "무슨 책을 읽고 계십니까?"라는 질문에 구체적인 책 이름을 답해주기보다는 '말'이라는 단어를 세 번 되풀이했을 때 뭘 읽고 있는지 더 궁금해지지 않나요? '그게 무슨 대답이야' 싶어 얄미울 수도 있지만, 햄릿의 머릿속에 무슨 생각이 들었는지 상상해보고 싶어집니다. 어느새 햄릿에게 관심이 가게 되지요. '이 사람을 알고 싶어!'라는 호기심을 살살 건드립니다. 이렇게 여백과 유머를 능숙하게 구사해 읽는 이가 상상하게끔 만든다, 이것이 셰익스피어의 말 사용법입니다.

여기엔 당시 엔터테인먼트 업계의 사정도 관계가 있습니다. 셰익스피어가 살았던 시대에는 연극이 가장 화제의 엔터테인먼트 중 하나였습니다. 지금처럼 눈으로 보고 즐기는 영화나 동영상 콘텐츠 같은 오락거리는 없던 때지요. 게다가 현재 같은 보기 편한 극장 환경이 아니어서 뒷자리에 앉으면 무대가 잘 보이지도 않았습니다.

그렇기 때문에 무대장치나 연출로 시선을 끌기보다는 '말로 들려주는 것'이 그야말로 중요한 요소였습니다. 말을 해서 한 사람 한 사람의 머릿속에 영상이 떠오르게 하는, 즉 '상상하게 하는' 것이 연극이라는 엔터테인먼트의 큰 무기였던 겁니다. 특히 셰익스피어의 작품은 눈으로 보고 즐기기보다는, 귀로 들으며 즐기게끔 쓰였습니다. 그런 의미에서 작품 속 말, 단어, 대사는 매우 큰 무게를 갖고 있습니다.

오감 중 청각만이 뇌에 들어가는 경로가 다릅니다. 청각 정보는 인간 쾌락의 근간이기도 하지요. 셰익스피어는 바로 그 청각을 통해 듣는 이의 상상력을 자극하고 흥분시키는 일인자였습니다. 극장이라는 고정된 공간에서 사건도, 감정도, 생각도 모두 말로 풀어내야 했기에 셰익스피어는 갖은 말의 기술을 총동원해 관객의 마음을 사로잡았습니다.

그의 작품에서는 한 인물이 혼자 서너 쪽에 걸쳐 쏟아내는 긴 대사들도 어렵지 않게 만날 수 있습니다. 처음 접하는 분들은 '이걸 어떻게 읽지?' 하고 놀랄 수 있지만, 걱정 마세요. 그림을 보듯, 좋아하는 만화를 넘기듯, 마음에 드는 부분만 쏙쏙 골라 즐기면 됩니다. 국어시험처럼 등장인물의 심경을 맞히거나 정답을 찾으려 애쓸 필요가 전혀 없습니다.

난폭하고 위험천만한 말

그럼 셰익스피어가 구체적으로 어떤 말을 사용했는지 살펴봅시다. 셰익스피어를 어렵고 고전적이라고만 생각하는 분들도 계실 텐데 그는 사실 터무니없을 정도로 '난폭하고 위험천만한' 극작을 합니다. 예를 들어 작품 속에 이런 말이 나옵니다.

> 절망하다 죽어라!
> Despair therefore, and die!

여러분, 아무리 싫은 사람이 있어도 회사나 학교에서 저렇게 말하면 어떻게 될까요? 완전히 끝장입니다. 그런데 『리처드 3세』라는 작품에서는 주인공 리처드에게 살해당한 자들의 망령이 그의 꿈에 줄줄이 나타나 다그칩니다. '네놈은 우리를 죽였다. 절망하라. 그리고 죽어라!'

에드워드 왕자의 망령	내일은 네 영혼을 무겁게 짓누를 테다. 떠올려라, 튜크스베리의 전장(戰場)에서, 꽃처럼 아름다웠던 나를 찔러 죽인 모습을. 절망하다 죽어라!
헨리 6세의 망령	떠올려라, 런던탑의 나를. 절망하다 죽어라!
클라렌스의 망령	내일은 전장에서 나를 떠올려라. 날이 깨진 검을 떨어뜨리고 절망하다 죽어라.
리버스의 망령	폼프렛에서 죽은 리버스다. 절망하다 죽어라.
그레이의 망령	그레이를 떠올리고 네놈의 영혼을 절망 속으로 몰아넣어라.
본의 망령	본을 떠올려라. 죄에 벌벌 떨다 손에 든 창을 떨어뜨리고 절망하다 죽어라.
헤이스팅스의 망령	헤이스팅스를 떠올리고 절망하다 죽어라.
왕자들의 망령	리처드, 우리는 네놈의 가슴속에서 납이 되어 파멸과 치욕과 죽음으로 끌어들여 주마. 조카의 망령은 네놈에게 명한다.

앤의 망령	절망하다 죽어라. 내일은 전장에서 나를 떠올려라. 날이 깨진 검을 떨어뜨리고 절망하다 죽어라.
버킹엄의 망령	아아, 전투의 한가운데서 버킹엄을 떠올려라. 죄의 무게에 부들부들 떨다가 죽어라. (생략) 핏기가 싹 가신 채로 절망하라. 절망하다 숨이 끊어져라.

『리처드 3세』 제5막 제3장

 대단하군요. 다들 합심해서 "절망하다 죽어라!"라니요. 그냥 '죽어 없어져라'가 아닙니다. 사는 내내 절망에 시달리다 끝내 죽어라입니다. 마음이 절절히 들어가 있습니다. 온갖 원한과 괴로운 사연이 있겠지만 그걸 일일이 말하지 않고, 한마디로 "절망하다 죽어라!"라고 표현한 것이 소름 돋습니다.
 『타이터스 앤드로니커스』라는 작품에서는 아버지가 자기 딸을 향해 "죽어라, 죽어, 라비니아" 하고 말하며 목을 졸라 죽이기도 합니다. 어쩌다 보니 '죽어라'만 계속 나오네요.
 그리고 혹시 가까이에 『로미오와 줄리엣』이 있으면 초반 부분을 읽어보세요. 번역가에 따라서는 잘 피해가기도 했지만, 그레고리와 샘슨이라는 하인이 너무나 자연스럽게 추잡한 말을 나불나불 떠들어댑니다. 살짝만 인용해볼까…… 했지만, 옮기기가 조심스러운 내용이어서 여러분이 꼭 확인해보세요. 『로미오와 줄리엣』 제1막 제1장, 첫 1~3페이지쯤에 오가는 대화입니다. 로맨스의 대명사나 마찬가지인 작품이 이렇게 시작한다니? 아마 깜짝 놀라실 겁니다.

여기에 더해 셰익스피어 작품에는 방송 금지 용어도 많이 나옵니다.

> 나를 붙잡겠다는 포고가 내려온 모양이군.
>
> (생략)
>
> 가장 비천하고 궁한 모습으로 변장하겠어.
> 인간을 경멸하는 빈곤에 쫓겨
> 짐승에 가까워진 몰골로 말야.
> 얼굴에 오물을 묻히고 허리만 가린 채
> 머리를 뭉쳐 묶고 벌거벗은 몸을 드러내어
> 하늘의 바람과 박해에 맞서리라.
> 이 나라가 그 전례를
> 모자람 없이 보여주지 않던가.
> 목청껏 울부짖으며 맨팔에
> 핀과 나뭇가지를 찔러 넣는
> 미친 거지들 말일세.
>
> 『리어왕』 제2막 제3장

'미친 거지들(Bedlam beggars)'이란 표현이 세지요? 이 말은 당대 런던에서 가장 악명 높았던 베들램 정신병원(Bethlem Royal Hospital)에서 유래했습니다. 거리를 떠도는 광인과 부랑자들을 한데 수용하던 시설로, 병원 자체의 만행도 심각해서 내부는 그야말로 아수라장이었어요. 오죽하면 '난리통'을 뜻하는 Bedlam이란 단어가 정착했지요. 지금 기준으로도 TV에 쉽게 나오기 힘든 과격한 표현입니다. 『리어왕』이라는 작품의 제2막 제3장에 실제로 쓰여 있으니 확인해보시면 좋겠습니다.

'좋아해요'가 넘쳐흐르는 말

과격한 말부터 소개하고 말았지만, 근사한 말도 물론 많습니다. 여러분도 잘 아시는 『로미오와 줄리엣』이 있지요. 앞서 하인들의 추잡한 대화를 언급했으나 사실 이 작품은 좋아하는 사람을 찬양하는 말과 좋아한다는 감정으로 넘쳐흐르는 '말의 퍼레이드'와 같습니다. 사랑한다고 말하는 법이 이렇게 다양한가 싶어 감동할 정도이지요.

작품 초반에 로미오는 줄리엣을 보고 첫눈에 반하는데, 줄리엣을 처음 본 로미오가 말하는 대사가 있습니다. 파티에서 반짝거리는 그녀의 모습을 본 순간, 로미오는 외칩니다.

> 아아, (저 사람은) 횃불에게
> 찬란하게 타오르는 비법을 가르치고 있구나!
> 『로미오와 줄리엣』 제1막 제5장

이 대사를 들었을 때, 저는 다리 힘이 풀릴 뻔했습니다. 횃불에게 '이 정도는 빛나야 하지 않겠어?'라는 가르침을 줄 만큼, 횃불의 빛을 아득히 뛰어넘어 줄리엣 자신이 거룩하고 눈부시게 빛난다는 뜻일 테지요. 아무리 좋아하는 사람이 반짝여 보인다 해도 활활 타오르는 횃불에게 빛나는 법을 가르친다는 발상은…… 정말 한 번도 해본 적이 없었습니다. 단순히 '저 사람은 눈부시게 아름답구나!' 같은 말에 비해 로미오가 얼마나 흥분했는지, 줄리엣이 얼마나 눈부신 사람인지가 훨씬 두드러지지요. 훌륭한 말입니다.

이처럼 마음속에 차오르는 기쁨, 사랑의 위대함, 첫눈에 반한 설렘을 숨김없이 말로 표현하며 고조되어 가는 로미오는 사랑의 힘으로 흘러넘칩니다. 사랑을 향해 내달리기 시작한 그의 마음은 줄리엣을 만져보고 싶은 열망을 주체할 수 없어집니다. 셰익스피어는 그 감정을 이렇게 표현했습니다.

> 저 손을 감싸는 장갑이 되고 싶다.
> 그러면 저 뺨을 만질 수 있을 테니!
>
> 『로미오와 줄리엣』 제2막 제2장

어떤 사이냐에 따라서는 다소 당황할 만한 표현입니다. 하지만 감정이 달아오른 순간에 살짝 선을 넘는 듯한 이런 고백이 결정적으로 마음을 뒤흔들기도 합니다.

이어지는 일련의 대사 속에서 로미오는 줄리엣에게 이렇게 말을 건넵니다.

> 드넓은 하늘에서 가장 아름다운 두 별이
> 잠깐 자리를 비우고 돌아올 때까지
> 대신해서 빛을 내 달라며 저 사람의 눈에 청하고 있네.
>
> 『로미오와 줄리엣』 제2막 제2장

스케일이 장대하지 않은가요. 아무리 줄리엣의 눈이 반짝반짝 빛난다 해도 드넓은 하늘의 가장 아름다운 별이 그녀의 눈에게 '잠깐 우리 대신 빛나고 있어 주지 않으련?' 하면서 청할 리가 있겠습니까. 이 과장된 말이 가리키는 것은 오로지 하나.
'당신의 눈은 정말 아름다워요!'
입니다. 이게 다인데, 전 세계 사람들이 올려다보는 별들의 반짝임과 비교한 덕분에 왠지 우주적인 규모의 공간에서 그녀의 두 눈이 아름답게 빛나는 듯한 착각에 빠집니다.

즉 셰익스피어에게 인간이 사랑을 한다는 것은 그런 것입니다. 사랑에 빠지면 상대는 우주 그 자체가 되지요. 로미오라는 사랑에 빠진 청년을 통해 셰익스피어는 인간의 '사랑스러움'과 '애틋함'을 맘껏 예찬하고 있는 것입니다. 하지만 주의해야 할 점이 있습니다. 사랑과 증오가 표리일체라는 사실입니다. 온갖 말을 쏟아내며 사랑을 외치는가 싶더니, 어느 순간 돌변해 거센 증오가 고개를 듭니다. 이렇게 양극단을 오가는 것이 인간입니다. 그리고 이 진폭(振幅)이야말로 셰익스피어 세계의 특징이기도 합니다.

타인을 움직이는 말

여러분에게 유용할 말도 만나보겠습니다. 내 주장을 전달하고 타인을 움직이는 말, 상대를 설득하는 말입니다.

저는 여러분이 『줄리어스 시저』라는 작품에 나오는 말을 꼭 알았으면 합니다. 바로 해외 정치가들이 무조건 배운다는 안토니(안토니우스)의 연설 장면인데요. 사람들 앞에서 스피치를 할 때 꼭 참고했으면 하는, 연설의 본보기로 꼽힐 만한 명장면입니다.

로마에서 민중에게 절대적인 지지를 받던 정치가 줄리어스 시저가 암살을 당합니다. 로마의 원로원 귀족들이 저지른 일이었지요. 공모자 중에는 시저의 측근인 브루투스도 있었습니다. 신뢰하던 상대의 칼에 찔리며 시저가 남긴 "브루투스, 너마저"라는 말은 너무나도 유명하지요.

시저의 암살을 가장 슬퍼한 사람은 그를 진심으로 존경하던 정치가 안토니였습니다. 안토니는 마음을 단단히 먹고 시민들 앞에서 연설합니다. 독재자를 처단했다고 주장하는 원로원에 맞서 시저 살해가 로마 시민들에게 얼마나 끔찍한 결과를 가

저울지 호소하는데, 이때 그는 자신을 '낮춰서' 이야기합니다.

> 저에게는 지혜도 언변도 권위도 없습니다.
> 손동작도 말솜씨도 설득력도 없는 저로서는,
> 사람들의 피를 들끓게 하는 일은
> 도저히 불가능합니다.
>
> 『줄리어스 시저』 제3막 제2장

하지만 안토니는 본래 말을 아주 잘하는 사람입니다. 자신을 낮춤으로써 상대의 마음이 더 쉽게 동한다는 사실을 알고 있습니다. 처음부터 '모두들 들고일어나시오!' 같은 명령만 해서는 안 된다는 것을요.

나아가 안토니는 '만일 내가 브루투스고, 브루투스가 안토니였다면'이라는 가정법을 사용해 말을 잇습니다.

> 내가 브루투스고,
> 브루투스가 안토니우스였다면,
> 안토니우스는 제군들의 마음에 분노의 불씨를 당겨
> 시저의 상처란 상처에 전부 혀를 주어 말을 시키고
> 그 결과 로마의 돌조차 궐기하여

> 폭동을 일으켰을 것입니다.
>
> 『줄리어스 시저』 제3막 제2장

 내 의견이지만 내 의견이 아닌 것처럼, 즉 어디까지나 공적인 입장에서 나온 의견처럼 냉정하게 전달하여 상대의 마음에 불을 붙입니다. 개인적인 감정으로 하는 말이 아니다, 그러니 안심하고 행동해달라는 것이지요.
 시민들은 뭐라고 반응했을까요?
 "좋았어, 폭동이다!"
 바라던 그대로입니다. 살짝 우스울 만큼요. "브루투스의 집에 불을 지르자. 가자, 어서 동지들을 찾아내라!" 이렇게 온통 증오로 물들어버리는 겁니다. 여기서 재미있는 게, 안토니는 '어서!' 하면서 부추기지 않고 "잠깐만 들어주시오. 아직 할 이야기가 남았습니다" 하면서 붙잡습니다. 민중의 폭동을 정당화하는 스토리는 짜였건만, 아직 이들에게 내면의 준비가 덜 되었다고 생각했던 것이지요. 안토니는 마지막으로 어떤 말을 전했을까요.
 숨을 거둔 시저는 사실, 시민들 한 사람 한 사람에게 75드라크마(고대 그리스의 통화 단위)라는 고액의 돈을 나눠줄 생각이었다고 말하는 겁니다. 시저는 로마 시민에게 자신의 전 재산을 나누라는 유언을 준비했었다, 그 정도로 시민들을 끔찍이 아껴 모든 걸 바치려 했다……. 민중의 마음은 하나가 됩니다. 이제 시민들은 완전히 안토니의 조종을 받는 것처럼 되었습니다.

> | 시민1 | 어서, 가자, 가자.
> | | 시저의 유해를 신성한
> | | 장소에서 화장하고,
> | | 그 잉걸불로 모반자들의
> | | 집에 불을 붙이자.
> | | 망자의 유해를 안아 올려라.
> | 시민2 | 불을 갖고 와라.
> | 시민3 | 벤치를 때려 부숴라.
> | 시민4 | 벤치도 창문도 닥치는 대로
> | | 깨부수어라, 불을 지펴라.
>
> 『줄리어스 시저』 제3막 제2장

한번 시동을 건 군중을 막을 자는 아무도 없습니다. 로마는 이제 과연 어떻게 될까요?

여기는 실제 희곡으로 읽으면 극의 절정으로 치닫는 장면이니 꼭 읽어보셨으면 합니다.

셰익스피어는 용의주도하게 "절망하다 죽어라!"처럼 단 한마디로 전부를 갈음할 때도 있고, 이런 식으로 서사를 활용해 상대를 움직이기도 합니다. 특히 상대를 움직여야 할 때일수록 더 그렇습니다. 그렇게 하지 않으면 사람은 설득되지 않는다는 사실을 알고 있었던 것이지요.

"오 로미오"에 모두 담겨 있다

이쯤에서 우리가 잘 아는 말도 살펴보겠습니다. 앞서 『로미오와 줄리엣』이 여러 차례 등장했지만, 그중에서도 가장 유명한 대사 하면 뭐가 떠오르시나요? 분명히 들어본 적이 있을 겁니다.

맞아요, 이 대사입니다.

> 오 로미오, 로미오. 당신은 왜 로미오인가요?
> O Romeo, Romeo, wherefore art thou Romeo?
>
> 『로미오와 줄리엣』 제1막 제5장

귀에 쏙 들어오는 말이지요. 여러분도 같이 소리 내서 말해 보세요.

오 로미오, 로미오. 당신은 왜 로미오인가요?

읊으면 왠지 기분이 살짝 좋아집니다. 따라 하고 싶어지는 리드미컬한 말은 세상에 널리 퍼진다는 사실을 셰익스피어는 알고 있었던 겁니다. 대사의 내용만 놓고 보면 무슨 뜻인지 잘 몰라도 우선 귀에는 확실히 각인됩니다.

로미오와 줄리엣은 첫눈에 서로에게 이끌립니다. 하지만 각자 몬테규 가문과 캐퓰릿 가문이라는 원수지간의 집안사람들이기 때문에 이 사랑에 빠져서는 안 됩니다. 그 상황을 속으로 떠올리며 다시 한 번 이 말을 음미해볼까요.

오 로미오, 로미오. 당신은 왜 로미오인가요?

처음에 나오는 "오 로미오, 로미오"는 로미오 개인을 말합니다. 사랑하게 된 이의 이름을 반복하는 부름에서 로미오라는 사람 자체를 얼마나 좋아하고 있는지가 저릴 만큼 전해집니다. 그런데 세 번째로 나온 "당신은 왜 로미오인가요?"의 '로미오'는 몬테규 가의 로미오, 그러니까 사회적 입지가 더해진 로미오를 가리킵니다. 다시 말해 이 유명한 대사를 설명조로 풀자면 '내가 그토록 사랑하는 로미오는 어째서 몬테규 가문의 로미오인가요?'라는 이야기를 하고 있는 것이지요.

그냥 로미오가 아니라 몬테규 가문에 속한 로미오이기 때문에, 두 사람 사이에는 막막하리만치 커다란 벽이 있습니다. 하지만 그 사정을 구구절절 설명하는 대신 "오 로미오, 로미오. 당신은 왜 로미오인가요?"라는 심플하면서도 기억하기 쉬운 말로, 말 이상의 더 많은 뜻을 담아 표현했습니다.

심플하기 짝이 없는 이 명대사 안에 작품의 핵심이 되는 스토리가 응축되어 있습니다. 동시에 음악성까지 있어 리드미컬합니다. 따라 말해보고 싶고 귓가에 맴도는 구절이지요. 대사는 다음과 같이 이어집니다.

> 장미라 불리는 꽃은
> 다른 이름으로 부른다 한들
> 달콤한 향기에는 변함이 없어요.
> 로미오도 마찬가지,
> 비록 로미오라 불리지 않는다 한들
> 나무랄 데 없는 고귀한 모습은 그대로 남지요.
> 로미오, 이름을 버리세요.
> 당신의 몸 그 어느 곳도 아닌 그 이름 대신
> 저의 모든 걸 받아주세요.
>
> 『로미오와 줄리엣』 제2막 제2장

'장미'라는 이름이 아니어도 장미의 아름다움과 향기는 변하지 않습니다. 그러니 장미라는 이름에 얽매일 필요는 없지요. 로미오도 마찬가지입니다. 그 이름을 버려주길, 몬테규 가문을 내려놓아 주길 바라는 줄리엣. 그렇게 한다 해도 자신이 반한 그 로미오라는 사실은 변하지 않으니까요.

저는 이 장면이 참 인상 깊습니다. 셰익스피어는 말의 힘을 누구보다 이해하는 작가였지만, 동시에 '표층적인 이름만으로는 본질을 규정할 수 없다'는 사실을 전합니다. 이 짧은 고백 속에 말과 존재의 관계를 되묻는 깊은 사유가 담겨 있습니다. 유명한 대사에는 그만한 이유가 있음을 실감하게 되지요.

서서히 의미가 뒤바뀌는 말

방금 나온 대사는 '로미오'라는 한 이름이 문장 속에서 의미를 바꿨습니다. 같은 말이라도 스토리가 진행되거나 혹은 어떤 타이밍에 사용되는가에 따라서 의미가 달라집니다. 이 역시 셰익스피어가 자주 쓰던 테크닉입니다.

다시 한 번 『줄리어스 시저』의 안토니를 등장시키겠습니다. 그는 브루투스라는 정적(政敵)을 놓고 '저 놈은 나쁜 놈'이라고 직설적으로 말하지 않습니다.

> 브루투스는 공명정대한 사람입니다.
> Brutus is an honourable man.
>
> 『줄리어스 시저』 제3막 제2장

오히려 저 말을 여러 차례 반복합니다. 절대 적을 폄하지 않고 칭찬하며 치켜세우고 있습니다. '브루투스는 공명정대한 사람이니까, 나쁜 짓을 할 리가 없지요.' 이렇게 높여놓고는 곧바로 시저를 죽인 사실을 구체적으로 들이밉니다. 시저가 브루투스의 칼에 찔려 죽을 때 걸친 피 묻은 망토를 높이 들어 보이며 시민들에게 묻습니다. '그런데 그렇게 공명정대한 브루투스가 이런 잔혹한 짓을 저질렀습니다. 여러분, 공명정대란 대체 무엇이란 말입니까?'

로마 시민들 사이에서 브루투스는 존경받고 있었습니다. 명문가 출신으로 그의 조상은 왕정을 무너뜨리고 공화정을 세운 명망 있는 인물이었지요. 여기에 암살 직후 브루투스는 '시저를 덜 사랑해서가 아니라 로마를 더 사랑했기에'라며 자기 행위를 공적인 결단으로 설명했습니다. 청중은 이미 '브루투스가 그랬다면 이유가 있겠지' '사사로운 야망이 아니라 정의감으로 행동했을 거야'라는 믿음을 지닌 상태였습니다.

안토니는 이 신념을 정면으로 부정하면 반감을 살 수 있기에, 먼저 그 전제를 인정한 척합니다. 그다음 전제와 모순되는 행동의 증거(시저의 살해, 시저 생전의 명예로운 행위들, 피 묻은 망토 등)를 내민 것입니다. '네가 정말 공명정대한 사람이라면, 왜 이런 짓을 저질렀니?'

"공명정대하다"는 칭찬을 의식될 정도로 여러 번 말하면서 반대되는 사실들을 들춥니다. 그러자 시민들의 마음속에 의심이 피어오릅니다.

'자꾸 공명정대하다고 하는데, 정말 그런가?'
'공명정대하다는 말, 도대체 무슨 뜻이지?'
듣는 이들의 머릿속에서 브루투스의 이미지가 점차 변하기 시작합니다. '어쩌면 여러분, 브루투스는 공명정대한 게 아닐지도 모릅니다' 하고 혼란을 줘서 상대의 전제를 뒤집어엎는 것이지요. 일단 한번 흔들리기 시작하니 '공명정대'라는 말의 의미가 점점 신경 쓰입니다. 그는 정말 공정하고 떳떳한 사람이 맞는가. 듣는 이들에게 그 사람의 본질과 말 자체의 의미를 다시 묻게 만들지요. 이는 강요하는 게 아니라 청중 스스로 생각하게 만드는 기법으로, 훨씬 강력한 효과를 냅니다. 그 결과 브루투스를 둘러싼 신뢰는 흔들리고 단어의 권위와 인물의 이미지 모두가 서서히 무너져갑니다.

안토니는 어지간한 책사입니다. 여러분도 꼭 이 논법에 초점을 맞춰 『줄리어스 시저』를 읽어보길 바랍니다.

작품 속에서 의미가 바뀌는 말은 그 밖에도 있습니다. 『맥베스』라는 작품 첫머리에 나오는 유명한 대사입니다.

> 깨끗한 것은 더럽고, 더러운 것은 깨끗하다.
> Fair is foul, and foul is fair.
>
> 『맥베스』 제1막 제1장

마녀가 관객에게 알쏭달쏭한 이 말을 던지는 부분에서 이야기는 시작합니다. 처음에는 대체 무슨 뜻인지 긴가민가한데, 이야기가 진행되면서 "저 녀석은 더러운 자식이다" 혹은 "이렇게 깨끗하고도 더러운 하루는 처음이다"라는 식으로 '깨끗하다'와 '더럽다'라는 키워드가 몇 번이나 등장합니다. 듣는 우리는 이 말을 점점 의식하게 되지요.

『맥베스』에서 처음엔 더럽다는 말을 듣던 배신자가 최후에는 품위 있게 죽습니다. 혹은 고결하다는 말을 들은 사람(맥베스 자신)이 마지막에는 더러운 배신자로 변모하기도 합니다. 셰익스피어는 하나의 말을 단순히 일의적(一義的)으로 정의 내리지 않고, 그것을 의미심장한 물음으로 계속 던집니다. 이야기를 따라가다 보면 우리는 어느새 질문에 대한 답을 생각하게 됩니다.

실제로 이러한 뒤바뀜은 다양한 작품과 현실에서 목격할 수 있습니다. 빅토르 위고의 『노틀담의 꼽추』에서는 고귀한 사제가 탐욕에 찌들어 폭력을 휘두르고, 흉측하다고 배척받던 꼽추는 순수한 사랑을 실천합니다. 고상한 가치를 내건 기업이 협잡을 저지르고, 사회의 가장 낮은 자리에서 묵묵히 일하는 사람들에게서 거짓 없는 성실함이 드러나기도 합니다.

여러분이 존경하는 사람, 또는 더럽다고 여겨온 존재를 떠올려보세요. 그 판단은 정말 겉모습 그대로인가요? '깨끗하다'와 '더럽다'는 말은 과연 언제나 본질을 말해줄까요?

누구나 손이 닿는 선반에 '말'을 올려놓고 자유롭게 집어서 굴려보고 이 각도 저 각도에서 들여다보게 하는 것— 셰익스피어는 이런 걸 했습니다. 그러면 우리는 그 말이 마치 내 일처럼 생각되어 몸을 내밀고 작품 세계로 쑥 빨려 들어가는 것입니다.

본질을 찔러버리는 말

셰익스피어는 사물의 본질을 한마디로 딱 잘라 가리키기도 했습니다. 예를 들어 이런 말이 있어요.

> 사람은 생글생글 웃으면서도 악당일 수 있다.
> 적어도 덴마크에는 틀림없이 그런 자가 있다.
>
> 『햄릿』 제1막 제5장

'모든 나라가 그렇다'는 것이 아니라 "적어도 덴마크에는"이라는 말이 포인트입니다. '모든'이라는 말을 넣으면 일반론처럼 진부하게 들리지만, '적어도 덴마크에는'으로 좁히면 매우 구체적이지요. 한 나라에 초점이 맞춰지면서도 '적어도'라는 말 때문에 다른 나라에서도 통할 수 있다는 뉘앙스가 있습니다. 그 결과, 듣는 우리는 한 가지 구체적인 사례를 보고 어느 나라건 해당되는 보편성을 떠올리게 됩니다.

참고로 이 말은 햄릿 왕자의 대사입니다. 정치가의 말을 들을 때는 꼭 저 기법을 유념해보세요.

"적어도 이 지역의 업자들 사이에서는 심각한 폐업 위기가 현실이 되고 있습니다."

"일부 교실에서 학생이 선생님을 위협하는 일이 실제로 벌어지고 있습니다."

일부라고 말하는데 묘하게 '전 지역경제' '학교 전체'로 생각되지 않나요? 화자가 직접 모든 걸 단정하지 않기에 전면적인 반박을 피하면서도, 듣는 사람 스스로 확대 해석하게 만드는 전략입니다. 이 수사법을 알면 적당한 긴장감을 갖고 정치가의 주장을 들을 수 있습니다.

셰익스피어의 작품에는 또한 인간의 보편적인 감정을 단적으로 나타내는 말도 있습니다.

> 조심하시길, 장군이여, 질투라는 녀석을.
> 이 녀석은 초록 눈을 한 괴물이오.
>
> 『오셀로』 제3막 제3장

이는 '질투'가 테마인 작품 『오셀로』에 나오는 대사입니다. "초록 눈을 한 괴물"은 원문에 Green-eyed monster라고 나오는데, 이 말은 현재 '질투하는 사람'을 뜻하는 관용 표현으로 쓰이고 있습니다. 아무리 대단한 사람도 질투하는 순간에는 인간성을 상실한 '괴물'이 되어 자멸하고 맙니다. 게다가 이 '초록'이라는 게 정말이지 찰떡같이 어울리는 색입니다. 예컨대 빨간색은 즉각 외부로 폭발하는 느낌입니다. 하지만 질투는 서서히 내면에서 부패하는 감정이기에, 너무 화끈하고 직선적인 빨강은 꼭 맞지 않아요. 그런가 하면 검은색은 지나치게 무겁습니다. 질투는 확정된 죽음이라기보다는 점점 피어올라 파국으로 치닫는 병에 가깝지요.

초록은 자연과 생명의 색이면서도, 동시에 부패와 병색의 이미지와 연결됩니다. 고대 의학에서는 질투하는 사람의 내장에서 녹색 담즙이 많이 분비되며, 질투로 질린 얼굴은 창백하고 녹색기가 돈다고 여겼습니다. 또 하나, '검은 눈'은 흔히 보지만 '초록 눈'은 보기 드물어서 어딘가 이질적이고 신비롭게 느껴진다는 점도 있습니다.

겉으로는 태연한 사람이 속으로 썩어들어 가고 있는 모습을 이보다 섬뜩하고 적확하게 표현할 수 있을까 싶을 만큼 "초록 눈을 한 괴물"은 절묘합니다. 이 또한 인간의 본질을 가감 없이 꿰뚫은 말이라 할 수 있습니다.

셰익스피어는 다양한 작품을 통해 질투라는 감정과 마주섰습니다. 그 첫 번째 총결산이 바로 『오셀로』입니다. 그밖에 『겨울 이야기』라는 작품에서도 반복해 다뤘지요. 인간을 이야기하는 셰익스피어가 몇 번이나 주요한 테마로 삼았다는 사실만 봐도, 이 감정이 얼마나 위험하고 강력한지 실감되지 않으시나요? 질투라는 어리석은 감정은 사람의 인생을 송두리째 흔들어놓습니다. 그러니 여러분도 부디 조심하시길 바랍니다.

모두의 운명을 건드리는 한 줄

다음 말은 영어 원문도 아는 분들이 있을 수 있겠네요.

> 사느냐 죽느냐, 그것이 문제로다.
> To be, or not to be, that is the question.
>
> 『햄릿』 제3막 제1장

셰익스피어는 반대 개념을 조합하는 패턴을 즐겨 썼습니다. 앞에 나온 『맥베스』의 "깨끗한 것은 더럽고, 더러운 것은 깨끗하다"라는 말도 그렇습니다. 상반되는 두 가지 개념을 굳이 하나의 질문형으로 던지는 것입니다.

'살 것인가, 죽을 것인가?' 그야 뻔한 문제지 싶은데, 이렇게 딱 잘라 간명한 구절로 물으면 다시금 생각하게 됩니다. 햄릿은 묻습니다. "세월의 채찍을 맞으며 늙어가는 일, 권력 있는 사람들한테 모욕당하는 일, 짝사랑의 고통, 지연되기만 하는 법과 정의, 나보다 못난 자들한테 받는 부당한 냉대를 누가 견디겠는가" 하고요. 그는 말합니다. "이 모든 것을 단지 뾰족한 단검 하나로 조용히 끝낼 수 있다." 하지만 죽음은 아무도 모르는 미지의 나라이기에 겁이 나고 생각이 많아지고 의지는 흐려져 차라리 힘든 삶을 견디는 편을 택하게 된다고요.

돌아보면 이러한 고민은 우리에게도 낯설지 않습니다. 때로는 고통이 너무 커서 사는 게 죽는 것보다 힘겹게 느껴지고, 하루하루를 보내지만 사는 게 사는 것이 아닌 듯한 순간도 찾아옵니다. 그럴 때마다 이 고민은 다시 떠오릅니다.

To be, or not to be.

기분 좋게 귀에 착 감기는 이 구절은 인류 전체에게 공통되는 근본적인 질문을 던지고 있습니다. 이 짧고도 강렬한 말이 영문학 역사상 가장 유명한 문장으로 남게 된 이유입니다.

셰익스피어는 다음과 같이 몰아치는 수법도 아주 특기였습니다.

> 아아, 헬레나, 여신, 숲의 요정, 완벽하고도 신성한 사람!
> O Helen, goddess, nymph, perfect, divine!
>
> 『한여름 밤의 꿈』 제3막 제2장

헬레나 님이 너무 좋아! 이런 마음이 물밀듯 전해져 오지요?

"죽어라, 죽어, 라비니아"처럼 두 번이나 죽으라는 말을 들으면 왠지 정말로 그래야만 할 것 같은 압박을 느끼게 됩니다. 단순히 "죽어, 라비니아" 한 번만 들었을 때보다 "죽어, 죽어"라고 강한 감정을 반복해 들었을 때에 강제성과 위협의 강도에 압도됩니다. 재밌게도 『한여름 밤의 꿈』에서는 이와 같은 반복이 사랑을 전하는 데 쓰였습니다. '긍정적인 말'을 다양하게 변주해 되풀이하면서, 몰아치는 말의 힘으로 감정을 끌어올립니다. 마치 랩 같습니다.

앞서 나온 『로미오와 줄리엣』에서 '그녀의 장갑이 되고 싶다'라고 하는 장면도, 마음을 말로 표현함으로써 진짜 손에 닿았을 때 기쁨이 두 배로 늘어나는 효과를 냈습니다. 로미오는 '그녀를 만지고 싶다'고 생각하는 데 그치지 않고 이를 구체적이고 대담한 말로 표현했습니다. 막연했을 감정이 말로 인해 더욱 강렬하고 생생해지면서 그를 곧장 행동으로 몰아넣습니다.

> 제 미천한 손이 이토록 신성한 신전을 더럽히나니
> If I profane with my unworthiest hand
> This holy shrine…
>
> 『로미오와 줄리엣』 제1막 제5장

로미오는 줄리엣에게 다가가 손을 내밀고, 줄리엣은 그 손을 맞잡습니다. 극적인 순간이라고 해서 홱 잡아채거나 동작이 크지 않습니다. 아주 정중하고 작은 접촉입니다. 하지만 이미 말로 간절한 바람이 고조된 상황이었기에 그 짧은 맞닿음이 주인공과 관객에게 전율을 일으키는 것입니다.

셰익스피어는 말을 통해 영원불멸을 선사하기도 했습니다. 시집 『소네트』에서 제가 아주 좋아하는 「18」이라는 시가 있는데, 거기서 셰익스피어는 너무 좋아하는 상대에게 말을 건넵니다. 하지만 그 사람도 인간인지라 언젠가는 나이가 들겠지요. 사랑하는 사람에게 어떻게든 영원한 아름다움을 주고 싶다는 마음으로, 그는 한 편의 시를 적었습니다.

> 그대의 영원한 여름은 빛이 바래지 않아요
> 그대에게 깃든 아름다움은 사라지지 않아요
> '죽음의 그림자 속을 거닌다'는 사신의 말도
> 들을 일 없어요
> 그대가 영원한 이 시 속에서
> '시간'과 하나 될 수만 있다면.
> 사람들이 숨을 쉬는 날, 눈이 보이는 순간까지
> 이 시는 살아서 그대에게 숨을
> 불어넣어 줄 거예요.
>
> 『소네트』「18」

당신의 아름다움을 이 시에 가두었으니, 시간이 얼마나 흐르든 사람들이 이 시를 읽을 때마다 그 빛이 생생하게 되살아나리란 겁니다. 시, 다시 말해 '말'에 의하여 사랑하는 이의 아름다움이 영원히 보존된다니. 좀 황홀하지 않나요?

비록 수백 년 전의 말이라 할지라도 그것을 만난 사람의 상상력으로 해동하면, 시대도 국경도 뛰어넘어 거기에 담긴 사람의 모습과 생각은 소생하여 숨을 쉬게 됩니다.

만약 내가 셰익스피어라면?

지금까지 셰익스피어의 말을 살펴봤습니다. 마지막으로 재미 삼아 평소 여러분의 일상 대화를 셰익스피어처럼 말해보면 어떨까요? 뭐든 좋습니다. 예를 들어 '날씨 참 좋다. 오늘도 화이팅!'이란 말을 셰익스피어가 다시 쓴다면요?

'태양이여! 잠에서 깬 나를 너의 빛줄기로 비추어다오!' 이런 식으로 태양에 대고 외치는 장면으로 시작할지도 모르겠네요. '오늘은 아무 의욕이 안 나.' 이 말은 '온몸의 동맥이여, 사자의 근육처럼 정기를 뿜어내거라!' 하는 식이 될까요?

이렇게 스케일을 키워 말해보면 별것 아닌 말도 왠지 마음에 불을 켜주는 듯합니다. 그만큼 말에는 우리의 기분과 태도까지 움직이는 마법이 있습니다.

실제로 저도 그런 경험을 한 적이 있어요. 전에 이탈리아 여행을 갔을 때 버스에서 요금 바가지를 쓰고 말았습니다. 화가 치밀어 올랐지만, 그때 문득 셰익스피어 대사 한마디가 떠오르더군요.

> 네 이 사탄놈아!
> Satan, avoid!
>
> 『실수 연발』 제4막 제3장

　혼자 중얼거렸으니 상대에게 외친 건 아니지만, 이 말을 입 밖으로 내뱉는 것만으로 기분이 조금 정리되는 기분이었습니다. 말이 감정을 꺼내 다루는 도구가 된 셈이었지요.

　이처럼 자신의 감정을 셰익스피어의 언어에 실어보는 것도 추천합니다. 막연히 '기쁘다' '화난다'로 흘려보내던 마음을 풍성한 말로 표현하는 재미가 있답니다. 사소한 예로, 좋아하는 가수의 라이브 공연에 대해 '대박' 한마디로 끝내기보다 그 감동을 세밀하게 되살려 말할 수 있다면 한층 즐거울 거예요.

　"꽃의 침대에 잠든 나를 깨운 천사는 누구시죠?"(『한여름 밤의 꿈』 제2막 제1장)

　"그대는 여름날 같은 사람"(『소네트』 「18」)

　"정말 보기 드문 환상을 봤어요. 인간이 할 수 있는 설명을 넘어선 꿈을 꿨어요."(『한여름 밤의 꿈』 제4막 제1장)

　이런 말을 자신의 것으로 만들 수 있다면, 세상이 조금 달라 보입니다. 인생이라는 무대 위 주인공이 된 듯한 기분이 들지요. 기운이 나지 않는 날에는 '이 기분을 매장시키거라!', 배가 고픈 순간에는 '만찬의 시는 머지않았노라, 내 배여' 같은 말을 되뇌어보세요. 어느새 마음에 웃음기 섞인 활기가 돌지도 모릅니다.

　셰익스피어의 가장 대단한 점은, 말로 표현되지 않는 순간을 어떻게든 말로 표현했다는 것입니다. 사랑, 증오, 분노, 후회. 인생에서 인간이 경험하는 감동이나 감정은 종종 너무 커서 말로 담아내기 어렵습니다. 특히 시대의 전환점에 서 있거나 곤경에 처했을 때는 더 그렇지요. 좋은 것과 나쁜 것이 나란히 서서 혼연일체로 우리 앞에 나타나기도 합니다. 사랑을 뒤집으면 증오가 있고, 분노 바로 곁에는 용서가 있습니다. 매우 재미있기도 한 반면 호락호락하지 않은 것이 삶입니다.

　이렇게 미처 표현될 수 없는 마음과 사건들로 넘쳐흐르는 세계에서, 인간은 어떻게 꺼내야 할지 모르겠는 감정을 가슴속에 끌어안고 살아갑니다. 셰익스피어는 말로 다 못할 그 순간들을 언어의 아슬아슬한 끝자락까지 붙잡아 자신만의 말로 바꿨습니다. 그 말을 살짝 소리 내어 읽으면 말이 되지 못했던 감정이 온몸을 돌며 후련해지거나 고양감이 드는 걸 느낄 수 있어요.

　셰익스피어를 연기하는 배우가 멋있고 아름다운 이유는 이런 '말의 임파워먼트(Empowerment)' 즉 말이 부여하는 힘을 자기편으로 세웠기 때문입니다. 이 '말의 임파워먼트'는 무대 위뿐만 아니라 인생에서도 쓸 수 있습니다. 말로 표현되지 않는, 표현할 수 없는 그런 마음이 넘쳐흐를 것만 같을 때 혹은 마음이 꺾여버릴 것만 같을 때— 뭐든지 좋으니 이번 장에 나온 말들을 꼭 한번 소리 내서 읽어보세요.

　'사느냐 죽느냐, 그것이 문제로다.'
　'깨끗한 것은 더럽고, 더러운 것은 깨끗하다.'

'저 손을 감싸는 장갑이 되고 싶구나!'

속이 시원해질지 누가 아나요. 생각보다 더 큰 위로가 될지도요.

말, 말, 말.

말은 참 재미있습니다.

제2막

이야기의 시간

ACT 2

TIME for STORIES

©Image courtesy of The Metropolitan Museum of Art, Public Domain. Title: Mrs. Ford and Mrs Page (Shakespeare, Merry Wives of Windsor, Act 2, Scene 1), Engraver: Robert Thew, Date: 1793, Object Number: 42.119.360

세계 크리에이터들이
사랑한 '설계도'

제1막에서는 셰익스피어가 어떤 말을 어떻게 썼는지 살펴봤습니다. 그럼 그는 말로 무엇을 썼을까요?

칼럼이나 에세이, 논평문을 쓰지는 않았습니다. 셰익스피어가 심혈을 기울인 것은, '희곡(Play)'입니다. 연극의 대본을 말하지요.

희곡은 누가 읽을까요? 처음에 읽는 사람은 독자가 아니라 배우와 스태프입니다. 연극이 무대에 올려지고 그것이 화제를 일으켜 출판됐을 때에야 비로소 일반 독자들이 접하게 됩니다. 즉 희곡은 애초에 상연을 위해 쓰인 글로서, 말하자면 '연극의 설계도' 같은 것입니다. 그래서 한 작품이 재미있는가 아닌가는 오로지 이 설계도, 희곡에 달려 있다고 해도 과언이 아닙니다.

희곡의 한자 戲曲을 풀어 보면 '놀면서(희) 구부린다(곡)'는 뜻이 됩니다. 본래가 사전 설계도인 만큼 희곡은 손에 들고 자유롭게 놀다가 마음껏 모양을 바꿔도 되는 장르입니다. 책장에 꽂아두기보다는 주머니에 넣고 다니며 동료들과 떠들썩하게 토론도 하고 자기 인생을 자유롭게 끼워넣어도 보며 내용을 조금 어지럽히는 것이 묘미입니다. 그게 바로 희곡입니다.

셰익스피어는 이 희곡이라는 형식으로 재미난 스토리를 만드는 천재였습니다. 이번 제2막에서는 그가 엮어낸 이야기에 대체 어떤 재미가 있는지 살펴보려고 합니다. 그다음으로는 작품에 등장하는 매력적인 캐릭터들에 주목합니다. '스토리의 천재'는 '캐릭터의 천재'이기도 했습니다. 그 스토리와 캐릭터를 이루는 것은 무엇일까요? 바로 말입니다. 그래서 처음에 살펴본 '말'과 이 시간에 살펴볼 '이야기'는 밀접하게 얽혀 있지요.

셰익스피어가 살던 시대는 전깃불이 없었기 때문에 대개 낮 2시쯤부터 극을 보기 시작해서 어두워지기 전에는 끝나야 했습니다. 그래서 상연시간이 2시간~2시간 반 정도였다고 합니다. 그 안에 넷플릭스(Netflix) 10화 분량쯤 되는 격동적인 이야기를 엄청난 밀도로 빼곡하게 담은 것입니다. 그의 작품 속에선 그야말로 몰아치듯 계속해서 사건이 일어납니다.

연극의 극작가는 물론 영화와 드라마의 각본가, 만화가, 소설가까지도, 생각이 막히면 셰익스피어를 읽으라는 말이 있습니다. 스토리를 창작하는 전 세계의 사람들이 머리를 쥐어짤 때 셰익스피어로 돌아간다고 할 만큼 400년 전 그가 만든 작품이 후세 크리에이터들에게 기초가 되었습니다.

다시 읽어도
시시해지지 않는 비결

셰익스피어가 그린 이야기는 허황된 공상이 아닙니다. 사실적이면서도 납득이 되는, 우리가 피부로 느끼고 고개를 끄덕일 수 있는 진짜 삶이 반영된 스토리입니다. 이런 그의 작품을 읽을 때 중요한 점은, 이야기가 '미완성'이라는 사실입니다. 셰익스피어의 작품은 꼼꼼하게 읽어보면 다 그려지지 않은 부분이 많습니다.

예를 들어 『로미오와 줄리엣』에서 몬테규 가와 캐퓰릿 가는 애초에 왜 원수지간인가요? 『베니스의 상인』의 결말에서 재판에 진 고리대금업자 샤일록은 그래서 어떻게 되나요? 『헨리 6세』에서는 여왕이었던 마가렛이 그 후의 시대를 그린 『리처드 3세』에서 쇠락한 노파가 되어 등장하는데, 그사이에 대체 무슨 일이 있었던 걸까요? 빠져들어 읽다 보면 '엇, 그래서 결국 어떻게 되는 거야?' '어쩌다 이렇게 된 거지?' 싶은 이야기의 빈틈이 많이 나옵니다.

'지문'이라 불리는 보충 설명도 거의 없습니다. 지문은 무대나 등장인물의 상태를 지시하는 글인데, 예컨대 현대 희곡의 고전 『욕망이라는 이름의 전차』(1947년, 테네시 윌리엄스 극작)의 도입부 지문은 아래처럼 적혀 있습니다.

> 뉴올리언스의 거리 모퉁이에 있는 2층짜리 건물의 외벽. 흐린 흰색 건물을 둘러싼 하늘은 유난히 부드러운 푸른빛— 터키석의 청록에 가까운 색조로 물들어 있어, 이 장면 전체에 일종의 서정적인 분위기를 부여하고 쇠락의 기운을 우아하게 희석시켜준다. (생략) 강 건너 창고들 너머로는 바나나와 커피 냄새가 은은히 풍기고 그 너머 갈색 강물이 내뿜는 따뜻한 숨결이 느껴질 것만 같다. 근처 술집에서 들려오는 흑인 연주자들의 음악 소리 역시, 이와 어울리는 공기를 자아낸다.

무대 배경뿐 아니라 하늘의 색조, 거리 분위기까지 상세히 그려지지요? 반면 『햄릿』에서 햄릿 왕자가 처음 등장하는 장면을 보세요.

> 햄릿 등장, 책을 읽으며.
> Enter Hamlet, reading on a book.

이게 다입니다. 배경 설정을 알 수 없습니다. '(비꼬듯이)' '(정곡을 찔린 표정이다)' 같은 감정 지시도 없습니다. 아마 당시에는 직접 말로 배우에게 연출 지시를 했기 때문에 그때그때 셰익스피어가 설명했을지도 모르지만, 셰익스피어 본인이 관객이나 독자가 직접 생각하게 하려고 일부러 작품에 여백을 남긴 면도 있지 않을까 합니다.

그 덕분에 우리는 상상의 나래를 펼칠 수 있습니다. 읽다 보면 계속 신경이 쓰이는 포인트가 아주 많거든요. 그걸 두고 읽은 사람들끼리 이러쿵저러쿵 서로 논쟁을 벌이면 정말 즐겁습니다. 생각을 굴려보는 맛이 있는 것이지요. 게다가 '이 장면의 배경은 어떤 모습일까?' '이 뒤로는 어떻게 될까?' 하고 이야기의 빈틈을 메우려다 보면 거기에 자기 경험과 생각이 들어가게 됩니다. 이 과정을 거치면서 작품은 '미완성'에서 그 사람만의 작품으로 '완성'됩니다.

유명한 예로 바즈 루어만 감독이 연출한 영화 〈로미오와 줄리엣〉(1996년, 레오나르도 디카프리오·클레어 데인즈 주연)에서는 몬테규 가와 캐퓰릿 가가 스타일리시한 라이벌 갱단으로 그려집니다. 로미오와 줄리엣의 첫 만남은 파랗고 투명한 수조를 사이에 두고 마주치는 장면으로 연출되었습니다. 예쁜 영상을 중시하는 감독의 감각이 반영된 것입니다. 그런가 하면 희극의 대명사 『베니스의 상인』을 영화화한 〈베니스의 상인〉(2004년, 마이클 레드포드 감독, 알 파치노 주연)에서 샤일록은 비극의 주인공이 됩니다. 오랜 세월 멸시받아온 삶과 일방적으로 불리한 재판장의 분위기가 묘사되며 종교와 재산, 가족을 모두 잃고 눈물 흘리는 얼굴이 클로즈업되는 장면은 연민을 자아냅니다.

이처럼 당대의 연출가들이 각기 다른 방식으로 셰익스피어 작품을 해석하고 영상으로 풀어내는 것도, 그의 원작이 완결된 듯하면서도 어딘가 미완성처럼 열려 있기 때문입니다. 셰익스피어의 작품 속에는 관객과 독자가 무심결에 메우고 싶어지는 '빈칸', 다 그려내지 않은 수수께끼가 들어 있습니다. 그 때문에 여러 번 들춰보거나 다시 읽어도 시시해지지 않는 힘을 지녔습니다.

셰익스피어의 작품은 10대에 읽을 때, 20대에 읽을 때, 자녀를 둔 부모가 되어 읽을 때, 그때마다 본인이 놓인 입장에서 스토리를 즐길 수 있도록 되어 있습니다. 중2 시기에 읽어도 재미있고, 인생 경험을 쌓으면 쌓을수록 더 풍부하게 느껴지지요. '이건 내 거다, 내 작품이다' 싶게 마치 자기 일처럼 만드는 힘이 셰익스피어에게는 있습니다. 해석도 하나에 머무르지 않아 매번 다른 각도로 읽을 수 있으며 자꾸만 새 발견이 나옵니다.

그래서 그의 작품은 많은 이들에게 환영받고 히트를 쳤습니다. 사실 이 점이 굉장히 중요합니다. 셰익스피어는 철저하게 '보는 사람이 기뻐하고 재미있어 할 스토리를 쓴' 사람입니다. 학자들만 아는 이야기, 일부 마니아를 위한 이야기가 아니고 '아동용' '어른용'처럼 대상을 나누지 않았습니다. 노인도 젊은이도, 귀족도 평민도, 글을 읽을 수 있는 사람도 읽을 수 없는 사람도 모두 즐길 수 있는 이야기를 썼습니다.

그럼 모두가 즐길 수 있는 이야기란 뭘까요? 누구나 '나도 그런데' '맞아, 맞아!' 하는 생각이 드는 것을 말합니다. 인간이라면 누구나 경험하고 마는 것, 예를 들어 '저 사람이 밉다!'

라는 감정이 그렇습니다. 혹은 '사랑'도요. 사람을 좋아하는 마음은 아이든 어른이든 생길 수 있습니다. '권력'도 마찬가지입니다. '부자가 되고 싶다.' '저런 포지션에 가고 싶다.' 권력을 향한 야심을 불태울 때 인간의 인간다운 측면이 선명하게 부각됩니다.

또 그런 권력욕으로 인해 솟구치는 감정, 혹은 사랑을 둘러싸고 생겨나는 감정— 살다 보면 누구나 품게 되는 '질투'라는 감정 역시도 셰익스피어는 큰 테마(주제)로 삼고 있습니다. 예로부터 현재에 이르기까지 전 세계에 끊이지 않는 '전쟁'도 반복해서 그려내고 있습니다. 이렇듯 전 계층과 세대를 초월하는 어떤 것을 반드시 테마 삼고 있다는 점이 셰익스피어 작품의 특징입니다. 지구상에서 서로 옥신각신하며 살아가는 인류가 과거, 현재, 미래에 늘 마주해왔던 그리고 계속 마주해갈 주제를 중심에 놓고, 피가 끓어오르고 몸이 들썩거리는 이야기를 썼습니다. 400년이 넘는 세월 동안 이렇게나 읽히고 상연될 수 있었던 이유입니다.

이제 그 스토리들의 특징을 구체적으로 살펴보겠습니다.

알고 보면 똑같다?
그의 '2가지 구조'

셰익스피어 작품에는 크게 두 가지 장르가 있습니다. 비극(Tragedy)과 희극(Comedy). 알기 쉽지요. 정의도 단순합니다.

비극의 정의는 '결국에는 다 죽는다'입니다. 적뿐만 아니라 주인공까지 다 죽습니다. 주인공의 동지들도 대부분 다 죽습니다. 희극의 정의는 무엇일까요. '결국에는 다 결혼한다'입니다. 결혼할 땐 일단 다들 행복합니다. 10년 후에 어떻게 될지는 둘째 치고 우선 '축하해!'라는 기분이 됩니다. 그래서 너도나도 결혼하면서 끝이 나는 게 희극입니다. 결말에 느닷없이 '결혼합시다!'라며 청혼이 남발되기도 합니다. 죽는다. 결혼한다. 그 결말에 이르는 과정을 셰익스피어는 아군 측, 적군 측, 상관없는 사람들 측까지 온갖 각도에서 그려나갑니다.

세밀하게 따지자면 몇 개의 장르가 더 있습니다. 사회 문제와 심리적 딜레마를 다루는 문제극(Problem play), 실제 역사를 바탕으로 한 역사극(History), 그리고 제가 아주 좋아하는 로맨스극(Romance)입니다. 로맨스극에서는 마지막에 기적이 일어납니다. 그것도 연달아서요. 현대의 판타지나 실험적인 문학과도 통하는, 얼핏 보면 황당무계한 이야기도 있습니다. 하지만 우리가 사는 세계도 생각해보면 기적의 연속이니까, 로맨스극 역시 아주 생생한 우리 모습을 그린 것이라고 할 수 있습니다.

이같이 장르를 나눠봤는데 기본적으로 셰익스피어의 작품은 '모든 이야기가 똑같은 구조를 취한다'는 점이 중요합니다. 여러 작품을 쓰다 보면 아무래도 형식을 바꾸거나 다른 전개로 해보고 싶어지잖아요. 하지만 셰익스피어는 한결같이 똑같은 구조를 취합니다. 어떤 구조였을까요?

하나는, '이야기 전체를 5막으로 구성했다'는 점입니다.

소설의 경우 1장, 2장 또는 1부, 2부같이 '장(Chapter)' '부(Part)'로 나뉠 때가 많은데 희곡은 기본적으로 1막, 2막, 3막 등 '막(Act)'으로 구성됩니다. 인생에서 말하는 터닝포인트 같은 것입니다. 막의 수는 작품에 따라 제각각입니다. 1막짜리 이야기도 있고 10막이나 되는 작품도 있는데, 셰익스피어는 반드시 5막으로 구성했습니다. 막 안에는 '장(Scene)'이라고 해서 장소가 바뀌는 등의 작은 구획이 있습니다. 희곡에서는 '제1막 제3장(Act 1, Scene 3)' 식으로 표시하지요. 이 5막 구성이라는 게 참 흥미로운데, 제1막만 봐서는 상상도 못할 일들이 2막, 3막, 4막에서 전개되고 제5막에서 그 모든 것이 회수되며 사건들이 서로 맞물리는 피날레에 이르게 됩니다. 생각지도 못한 비약이 네 번이나 일어나는 것입니다. 앞서 터닝포인트에 비유했듯 이 구성은 인생의 예측불허한 재미를 그대로 보여준다고 할 수 있습니다.

또 하나 구조의 특징은 '철저한 기승전결주의'입니다.

연극 용어로 '드라마투르기(Dramaturgy)'라고 하는데, 우선 발단이 있고(기), 그것이 점점 부풀어 전개되고(승), 예상치 못한 일이 벌어지고(전), 새로운 국면에 도달합니다(결). 이 기-승-전-결이 작품 전체뿐만 아니라 하나의 막 안에서도 몇 번이나 반복됩니다. 작은 산을 여럿 오르면서 큰 산을 만들어가는 듯한 구성입니다. 기승전결 자체는 학교에서도 배우는 유명한 내용입니다. 하지만 셰익스피어는 작품 전체가 이 포맷을 따르면서도 단순히 사건 하나를 마무리하는 데 그치지 않았습니다. 여기까지 이야기를 따라온 독자와 관객이라면 상상조차 못 했던 운명을 받아들일 수밖에 없게 되는, 그 정도의 극적인 '결'을 던지며 막을 내립니다. 또한 기승전결이라는 틀이 안정적으로 뼈대를 잡아주기 때문에, 그 안에서 사랑이나 권력 투쟁 등 평소 좀처럼 눈에 보이지 않는 인간의 복잡한 마음을 리얼하면서도 드라마틱하게 그려낼 수 있었습니다.

5막 구성. 이 큰 틀만 잡아두면, 그 안에서 등장인물을 자유롭게 움직이며 극에 구체적인 형태를 부여할 수 있습니다. 셰익스피어는 이 기본 중의 기본인 형식을 구사한 덕분에 더욱 많은 이들에게 자신의 작품을 전하는 데 성공했던 것입니다.

셰익스피어는 표절의 도사!?

이 세상의 이야기 패턴은 모두 셰익스피어가 짜냈다는 말이 있습니다. 셰익스피어가 모든 작품을 0에서 1로 아예 창조해 낸 것처럼 들릴 수도 있으나 사실은 전혀 다릅니다. 셰익스피어는 표절의 명인입니다. 과거의 다양한 작품들에서 스토리를 많이 베꼈습니다.

지금은 소설이든 일러스트든 베꼈다는 게 들키면 난리가 납니다. 출처가 어디냐는 둥, 네 작품이 아니라는 둥 비난을 받습니다. 셰익스피어가 도마 위에 오르면 1년 내내 바람 잘 날이 없을지도 몰라요. 왜냐하면 유명 작품부터 비교적 알려지지 않은 작품까지, 스토리는 거의 다 기존에 있던 작품들에서 태연하게 가져다 썼기 때문이에요. 이런저런 작품에서 좋은 부분을 쏙쏙 골라 하나로 합치는 데 도가 튼 사람이었습니다.

단, 다음 사실이 중요한데, 선행 작품에서 훔쳐 와서는 거기에 셰익스피어식 '에센스 한 방울'을 떨어뜨렸습니다. 혹은 '이 작품엔 이 이야기를 버무리는 게 좋겠다' 하는 아이디어가 탁월했습니다. 그 결과, 그저 당시에 잠깐 인기를 끌었던 작품들이 셰익스피어의 손을 거침으로써 400년 지나도 사랑받는 인류 역사상 최대의 히트작으로 탈바꿈한 것입니다. 이것이 셰익스피어가 천재라 불리는 이유입니다.

그가 떨어뜨린 에센스 한 방울
— 『오셀로』

셰익스피어가 기존에 있던 작품을 바꾸는 데는 몇 가지 패턴이 있었습니다. 먼저, 인간이면 누구에게나 공통되는 테마를 하나 넣는다는 것입니다.

예를 들어 『오셀로』라는 작품은 질투에 관한 이야기로 매우 유명합니다. 주인공은 위대한 무어인 장군 오셀로입니다. 누구나 존경하는 영웅이지요. 그런 그가 아름다운 부잣집 딸 데스데모나와 결혼합니다. 사람들은 '오셀로와 결혼하는 데스데모나는 좋겠다' '데스데모나랑 결혼하다니 오셀로가 부러워' 하며 너무나 근사한 부부를 선망의 눈빛으로 바라봅니다.

그때 이아고라는 사내가 등장합니다. 그는 오셀로를 동경하지만, 그만한 실력을 갖고 있지 않았습니다. 그래서 '나는 왜 오셀로처럼 될 수 없을까' 하며 오셀로를 질투합니다. 그리고 행복의 절정에 있는 오셀로에게 거짓말을 불어넣습니다. 오셀로의 아내 데스데모나가 바람이 났다는, 아무 근거 없는 거짓말이었어요. 하지만 순진한 오셀로는 이아고의 교묘한 화술과 책략에 완전히 걸려들어 질투심에 활활 타오릅니다. 내가 이렇게 사랑하는데 데스데모나는 어째서! 이러며 말이에요.

여기서 혼란을 만들어낸 장본인 이아고는 분노로 미쳐가는 오셀로에게 속삭입니다.

> 조심하시길, 장군이여, 질투라는 녀석을.
> 이 녀석은 초록 눈을 한 괴물이오.
> 먹이를 삼키면서 제 먹이를 조롱하지요.
>
> 『오셀로』 제3막 제3장

앞서 '말의 시간'에서도 나온 대사입니다. 여기서 말하는 "장군"은 바로 오셀로였습니다. 아무리 위대한 인간일지라도 질투에 정신을 잃으면 초록 눈의 괴물이 되어버린다는 겁니다. 괴물이 된 오셀로는 이럴 수가, 끝내 아내 데스데모나를 죽이고 맙니다. 실제로 바람을 피운 사실도 없고 이아고의 새빨간 거짓말이었는데도, 그 말을 믿고 질투에 휩싸인 결과 이런 비극이 일어났습니다.

여기까지가 셰익스피어의 4대 비극 중 하나인 『오셀로』의 줄거리입니다. 실은 이 작품에도 원작이 있습니다. 이탈리아 작가 지랄디 친티오의 『백 편의 이야기(Gli Heccatommithi)』(1565년) 속 단편입니다. 하지만 이 원작에는 '질투'라는 말이 딱 한 번밖에 나오지 않습니다. 장군은 흑인이자 이방인인 설정이 강조되고 결말에는 '외국인 남성과의 결혼은 위험하다'는 교훈이

붙지요.

하지만 셰익스피어는 여기서 인간의 어두운 심리가 점점 자라나는 과정을 파고들었습니다. 사람들의 막연한 선망, 선망이 질투가 되는 과정과, 동경하던 상대를 망가뜨리는 심리 조작이 그려집니다. 그에 휘둘려 질투에 잡아먹히는 무어인 오셀로는 단순한 외부인이 아니라 복합적인 인간입니다. 등장인물과 줄거리는 거의 비슷하고 불행한 이야기이지만, 인간의 보편적인 감정을 주제 삼음으로써 세월에 빛바래는 교훈담이 아닌 어느 시대건 어떤 인종이건 공감할 수 있는 명작이 되었습니다.

이 작품에 떨어뜨린 셰익스피어 에센스 한 방울은 바로 '질투'였습니다. 실제로 『오셀로』에는 '질투'라는 단어가 유난히 많이 등장합니다. 정말이지, 대단한 아이디어지요.

사업이 성공하려면
반드시 필요한 것
—『베니스의 상인』

또 하나는 '서로 완전히 다른 작품을 합친' 패턴입니다.『베니스의 상인』이 정확히 이 패턴에 해당합니다.

줄거리를 간단히 설명하자면, 베니스의 상인 안토니오는 친구 바사니오를 위해 유대인 고리대금업자 샤일록에게 돈을 빌립니다. 이때 돈을 갚지 못하면 '심장에 가장 가까운 1파운드의 살'을 제공한다는 엄격한 계약 조건을 받아들입니다. 한편, 안토니오의 도움을 받은 바사니오는 부호의 딸 포샤에게 구혼하기 위해 그녀의 아버지가 남긴 '상자 고르기 시험'에 도전합니다. 금, 은, 납으로 된 상자 중 진심으로 그녀를 사랑하는 사람만이 포샤의 초상화가 든 정답 상자를 고를 수 있습니다.

안토니오와 샤일록의 계약은 14세기 작가 지오반니 피오렌티노가 쓴 단편소설집『얼간이(Il Pecorone)』(1385년) 속 '1파운드의 살'을 요구하는 계약 이야기에서 영감을 받았습니다. 또한 포샤의 상자 고르기 에피소드는 르네상스 문학의 선구자 조반니 보카치오의 단편집『데카메론』(1353년)에 수록된 이야기와, 진심을 시험하는 수수께끼를 담은 중세 우화에서 영향을 받았다고 합니다. 원래 완전히 다른 이야기 둘을 하나로 꽝 합체한 것이지요.

일전에 한 투자가와 이야기를 나누던 중 "오호라" 하고 고개를 끄덕인 적이 있습니다. 벤처 캐피털리스트서 장래성 있는 벤처 기업에 투자하는 그의 일은, 말하자면 무역 선박에 투자하던 『베니스의 상인』의 주인공 안토니오와 비슷합니다. 그런데 그의 설명에 따르면, 『베니스의 상인』에 합쳐진 두 가지 이야기는 비즈니스에서 기회를 잡고 성공하려면 반드시 필요한 요소라고 합니다.

하나는, 리스크가 따르는 대담한 투자입니다. 오랜 경험을 통해 충분히 신뢰할 수 있다고 믿는 친구를 돕고자 안토니오가 샤일록에게 돈을 빌리는 행위는 고위험 고수익 비즈니스를 실행할 때 갖는 마음과 같습니다. 또 하나는, 신중하면서도 현명한 선택의 중요성입니다. 바사니오가 상자 고르기 시험에 도전하여 옳은 상자를 고를 수 있었던 것은 운이 아닙니다. 각 상자에 새겨진 문구의 의미를 곰곰이 따져 읽어낸 결과였습니다. "나를 고르는 자는 많은 이가 바라는 것을 얻으리라"는 문구가 적힌 금은 상자 대신에 바사니오는 "나를 고르는 자는 자신이 지닌 모든 것을 내걸어야 한다"는 문구가 적힌 납 상자를 택합니다. 사랑의 본질은 이러하다는 점을 간파한 선택이었지요.

이들 두 요소가 어우러진 『베니스의 상인』은 사업의 성공을 위해 필요한 것이 무엇인지를 이야기로 체득하게 합니다. 귀족과 상인 등 당대의 사업가들이 하나같이 보고 배웠을 것은 물론, 이 작품이 시대를 초월해 읽히는 이유도 여기에 있습니다.

『오셀로』가 '질투'라는 키워드를 작품에 넣어 인류 공통의 테마를 만들어냈다면, 『베니스의 상인』은 서로 다른 두 이야기를 하나로 엮어 인류 공통의 성공 비결을 선명히 보여주는 작품으로 완성된 셈입니다.

하루종일 SNS를 올리는 왕자?
— 『햄릿』

━━━━━━━━━━━

셰익스피어가 원작을 변주할 때 자주 사용하는 또 하나의 패턴이 있습니다. 바로 '캐릭터를 아주아주 강렬하게 설정하는 것'입니다.

대표적인 작품이 『햄릿』입니다. 셰익스피어의 대표작이지만, 여기에도 원작이 있습니다. 영국 극작가 토마스 키드의 『스페인의 비극(The Spanish Tragedy)』(1592년)이라는 희곡의 영향을 받았다고 해요. 원작의 주인공은 성격이 인상 깊지 않고 이름도 햄릿이 아니라 히에로니모였습니다. 이 히에로니모는 아들의 죽음으로 인해 복수심에 불타는 단순명쾌한 캐릭터입니다. 행동이 직선적이지요. 반면, 햄릿은 철학적이면서 내성적인 캐릭터입니다. 아버지 사후에 어머니가 삼촌과 재혼했다는 사실을 혐오하고 삼촌에게 복수할지 말지 끊임없이 고민합니다. 그의 행동은 일관성 없이 우유부단하고 늘 우물쭈물합니다. 원래는 단순했던 캐릭터에 셰익스피어는 햄릿이라는 이름을 부여하고, 시종일관 혼잣말을 중얼거리는 성격의 인물로 조형했습니다.

그런데 혼잣말을 주절주절 떠드는 주인공이라니, 전혀 주인공 같지가 않습니다. 일반적으로 생각하면 이게 과연 엔터테인먼트가 될까 싶은 느낌이 듭니다. 혼자 하루 종일 SNS에 떠드는 것과 같으니까요. 실제 공연에서도 5~10분 정도 되는 긴 혼잣말이 총 8회 들어갑니다. 주인공이 줄곧 궁시렁대면서 나약한 모습만 보이지요. 그런 작품이 어떻게 명작이 되었을까요?

사실 그렇게 망설이면서 고민만 하는 햄릿에게 관객 분들이 감정이입을 해버린답니다. 이것도 아닌 것 같고, 저것도 아닌 것 같아. 살아야 할까, 죽어야 할까? 해야 하니, 말아야 하니? 이런 고민 상담을 듣고 있는 것 같거든요. 보다 보면 햄릿이 고민거리를 가진 친구처럼 느껴지기 시작합니다. 어쩌면 그 당시 극장에서는 '햄릿, 고민 그만하고 그냥 해버려!'라는 말이 객석에서 날아오지 않았을까요.

『스페인의 비극』과 『햄릿』이 크게 차이 나는 또 다른 이유는 극중극의 사용법입니다. 극중극(劇中劇)이란 말 그대로 이야기 속에 나오는 등장인물들이 연극 공연을 하는 것입니다. 관객이 보고 있는 극 속에서 또 다른 극이 펼쳐집니다. 이것도 셰익스피어가 즐겨 쓰던 수법입니다.

『스페인의 비극』에서 극중극은 복수의 직접적인 수단으로 이용되는데, 히에로니모는 아들을 죽인 가해자들을 본인이 쓴 복수극 작품의 배우로 참여시키고 본인도 연기를 하는 척하며 소품이 아닌 실제 칼로 그들을 살해합니다. 반면 『햄릿』에서는 극중극이 진실을 밝히기 위한 장치로 쓰입니다. 햄릿은 자신이 직접 쓴 대사를 삽입해, 아버지가 독살된 사건과 유사한 내용의 연극을 무대에 올립니다. 왕과 왕비가 등장하고, 왕이 꽃밭에 누워 잠들자 왕비가 물러난 사이, 한 남자가 들어와 왕관을 벗기고 왕의 귀에 독을 붓는다……. 삼촌 클로디어스가 갑자기 객석을 박차고 일어나 퇴장합니다. 이 반응을 본 햄릿은 확신합니다. 삼촌이 바로 자신의 아버지를 죽인 진범이라는 것을요.

같은 수법을 사용했는데도 캐릭터의 설정이 다르면 의미와 질이 완전히 달라지지요? 『햄릿』의 극중극은 스릴이 넘쳐서, 보는 이들이 자세를 고쳐 앉을 만큼 확 빠져드는 이야기의 절정입니다. 꼭 읽거나 관람해보세요.

한결같이 주저하고 번민하는 주인공을 그린 『햄릿』은 '문학의 모나리자'라고도 불리며 셰익스피어의 최고 걸작으로 평가받습니다. 시대의 변화를 응시한 작품이라는 말까지 들을 정도예요. 멋진 영웅적 주인공을 드라마틱하게 그린 게 아니라, 우리와 비슷한 인간이 고뇌하는 모습을 철저히 사실적으로 기억에 남도록 그렸기 때문에 시대를 넘어 현대를 사는 우리 마음까지도 울리는 내용이 된 것입니다.

있을 수 없는 설정의 힘
—『리어왕』

또 한 명의 강렬한 캐릭터를 소개하겠습니다. 강렬하다 못해 실은 있을 수 없는 캐릭터입니다.

그 이름은 리어왕. 작품 제목이기도 한 『리어왕』은 4대 비극 중 하나로 꼽힙니다. 실제 무대를 보면 주인공 리어왕은 대체로 나이 든 배우들이 연기합니다. 하지만 이 역할은 상상을 초월하는 에너지를 요구하기 때문에, 젊은 배우가 특수 분장을 통해 맡는 경우도 있습니다. 예컨대 『리어왕』을 원작으로 한 구로사와 아키라 감독의 영화 〈란(乱)〉(1985년)에서는 당시 49세였던 배우 나카다이 다쓰야가 주름이 자글자글한 할아버지로 분장해 리어왕 역을 연기했습니다.

셰익스피어의 희곡을 읽어보면 리어왕의 나이는 여든으로 설정되어 있습니다. 지금이야 건강한 80세 분들도 아주 많지만, 셰익스피어가 살았던 16세기 런던은 평균 수명이 30~40세 정도였습니다. 그래서 80세라는 나이 설정은, 그 당시 사람들의 감각으로는 상상도 못할 고령이라 할 수 있습니다. 지금으로 치면 190살 노인을 보는 느낌이랄까요?

놀랍게도 셰익스피어는 바로 이러한 나이 설정으로 이야기의 긴장감을 높여 리어왕의 절망과 분노를 한층 더 강조하는 데 성공합니다. 그 정도로 오래 산 고령의 노인이 재산 분배 문제로 딸들에게 민폐를 마구 끼칩니다. 정이 뚝 떨어진 딸들은 노인을 폭풍우 속으로 쫓아냅니다.

여러분, 비틀비틀한 할아버지를 폭풍이 치는 날 바깥에 내쫓은 적이 있나요?(있다면 경찰서로 향하시길 바랍니다!) 그런 짓을 하면 큰일 납니다. 그렇게 살아 있는 게 기적이나 마찬가지인 노인이 황야로 내몰려서 이렇게 외칩니다.

> 바람이여, 불어라, 네놈의 뺨이 찢겨 나갈 때까지!
> 불어라! 불어닥쳐라!
>
> 『리어왕』 제3막 제2장

미친듯이 화가 났습니다. 190살 된 할아버지가 비바람 속에서 길길이 날뛰는, 강펀치처럼 임팩트 있는 장면입니다. 과장된 설정입니다. 말이 안 됩니다. 그런데도, 읽고 있으면 애처롭고 가여워 차마 눈 뜨고는 볼 수가 없습니다. 황당무계한 상황인데 어딘지 현실적으로 와닿습니다. 그것은 표면적인 인간의 모습을 묘사해서 오는 현실감이 아니라, 인간의 저 깊숙한 곳에 숨은 감정을 사실적으로 그려냈기 때문입니다.

저의 경우는 만화 『드래곤볼』을 보고 이렇게 울퉁불퉁한 근육을 가진 사람들이 있을 리 없다고 생각하면서도 왠지 진짜처럼 느꼈습니다. 요즘에 유명한 만화 『원피스』도 팔이 고무처럼 늘어난다는 둥 말이 안 되는 설정이지만, 그런 건 상관없이 캐릭터와 스토리에 감정을 이입하게 됩니다.

『리어왕』이 바탕으로 삼은 이야기는 12세기경 몬머스의 제프리 주교가 쓴 『브리타니아 열왕사(Historia Regum Britanniae)』(1136년)와 16세기 역사가 라파엘 홀린셰드의 『연대기(Chronicles)』(1577년)입니다. 하지만 이들의 기록에 리어왕의 구체적인 나이에 대한 언급은 없습니다. 셰익스피어는 역사책들에서 본 설화를 기초로 삼고 상상력을 더해 리어왕의 캐릭터를 만들어냈습니다. 『리어왕』은 주인공이 비현실적으로 고령이라는 그 설정 덕분에 관객에게 강렬한 인상을 주고 이야기의 깊이를 더했던 것이지요.

왜 다들 이렇게 독특할까?

═══════════════

소설 『인간실격』의 작가 다자이 오사무는 셰익스피어를 아주 좋아했습니다. 『신(新) 햄릿』이라는 작품까지 썼을 정도입니다. 그런 다자이 오사무는 셰익스피어의 등장인물을 이렇게 표현했습니다.

"굵직한 정열의 불기둥."

"발소리가 큰 사람들."

확실히 셰익스피어의 작품에는 범상치 않은 인간적인 에너지를 지닌 인물들이 계속 등장해 뒤엉키며 난장판을 벌입니다. 지금까지 살펴본 작품들도 그렇고, 로맨스극에서도 그렇습니다. 역사극에선 '제발 좀!' 하고 말리고 싶을 정도예요.

기본적으로는 웃음이 터질 정도로 민폐인 인물들입니다. 실패도 많이 하지요. 그러다가 큰 성공을 거두기도 합니다. 이들을 얼핏 보면 개성이 너무 강해서 우리와는 상관없는 존재처럼 느껴질지도 모릅니다.

하지만 여러분, 학교나 직장을 다니다 보면 아주 열받는 일이 있지 않나요? 기분 나쁜 말을 들어 화가 나거나, 경쟁 회사가 선수를 쳐서 속이 부글부글 끓거나, 저 사람이 다른 사람을 좋아하는 게 끔찍이 싫기도 하고, 이도 저도 못하는 어쩔 수 없는 감정에 괴롭기도 하잖아요. 혹은 성과를 내서 펄쩍펄쩍 뛸 만큼 기쁜 일도, 좋아하는 사람과 서로 같은 마음인 걸 알고 신이 나는데 그게 엄청나게 극적인 전개로 느껴진 일도 있을 거예요. 그럴 때 겉으론 냉정한 척하더라도 마음속의 나는 손발을 마구 흔들며 감정을 표현하고 있지 않나요?

사람이 열정을 쏟거나 분발할 때는 반드시 '발소리'가 커집니다. 동작도, 목소리도요. 우리는 그걸 창피하게 느끼고 감추려 하지만, 셰익스피어의 작품에는 당당하게 표출하는 캐릭터가 많습니다. 감정을 전면으로 드러내고 자신의 인생을 찬미합니다. 가식으로 움직이지 않아요. '이거다!' 싶으면 거침없이 내달립니다. 셰익스피어는 실제 사람들보다 '데포르메(과장)'된 진한 캐릭터를 작품에 등장시킴으로써, 주제를 더 분명히 하고 거기서 인간의 보편성을 추출해 그려내고자 했습니다.

셰익스피어의 캐릭터를 보고 있자면, 우리도 현실 세계에서 발소리를 조금 더 크게 내봐도 좋지 않을까?라는 생각을 하게 됩니다. 여러분, 꼭 자신의 발소리에 귀를 기울여보세요. 당신이라는 캐릭터가 걸어가는 인생의 음이 들려올지도 모릅니다.

셰익스피어 스토리는
대규모 세계 모델

━━━━━━

요즘 챗GPT처럼 말만 잘하는 AI(인공지능)를 한 번쯤은 써보셨을 겁니다. 질문을 던지면 답하고 동화나 에세이도 술술 써내는 이 AI의 정체는 '대규모 언어 모델(LLM, Large Language Model)'입니다. 대량의 문장을 읽고 학습해서 언어를 다루는 것이 특기지요. 제가 이 책을 쓰고 있는 시점에서 대표적인 것으로는 GPT-4라는 모델이 있습니다. 엄청난 속도로 연구가 진행되고 있는 AI의 언어 모델입니다.

더 나아가, 이제는 인간의 말을 넘어 인간 세상 자체를 이해하려는 AI 모델도 등장하고 있습니다. 이름하여 '대규모 세계 모델(LWM, Large World Model)'입니다. 현실 세계에 관한 대량의 정보를 학습해 세상을 이해하고 예측하는 AI입니다. 어떤 사건이 벌어졌을 때 그다음에 무슨 일이 일어날지, 한 사람이 어떤 결정을 내렸을 때 어떤 결과가 생길지를 미리 내다볼 수 있다면 얼마나 좋을까요? 실제로 세계 모델은 기후 변화를 예측하고 도시의 교통 흐름을 시뮬레이션하는 데도 활용되고 있습니다.

이 관점에서 보면, 셰익스피어의 스토리는 일종의 대규모 세계 모델이 아닐까 하는 생각이 듭니다. 셰익스피어는 원작을 소재 삼아 거기에 '인간' 또는 '사실성'이라는 에센스를 더해 자기 나름대로 '편집'했습니다. '재미있는 스토리를 만들어야지'에서 출발한 것이 아니라 '인간과 세계는 있는 그대로 재미있다. 그 있는 그대로의 모습을 거울처럼 비추려면 어떻게 해야 하지?'라는 고민이 시작점이었다고 봅니다.

그는 작품을 통해 당시의 사회, 인간관계, 감정, 도덕, 정치 등 복잡한 요소를 교묘하게 직조해 넣었습니다. 그 시대의 세계를 광범위하게 묘사하고 다양한 요소를 조합해서 피부에 와닿는 사실적인 이야기를 만들어냈지요. 그의 작품은 그야말로 자신이 살던 시대의 정보값을 반영해서 정밀하게 구축해낸 대규모 세계 모델이라고 할 수 있습니다.

'진실은 소설보다 기이하다.' '지어낸 이야기보다 현실 세계가 생생하고 재미있다'는 인식 위에서 자신이 피부로 느낀 세계를 그대로 작품에 반영했습니다. 그랬기 때문에 그의 이야기는 시대를 초월한 현실감을 지닐 수 있었고 오늘에 이르기까지 모든 시대의 사람들에게 받아들여지고 있는 것입니다.

셰익스피어의 스토리, 즉 '인간의 현실을 비추는 거울'을 내 것으로 만들기만 하면 지금 직면한 현실을 어떻게 대처해야 할지 힌트가 생깁니다. 눈앞의 상황에 셰익스피어의 이야기나 말을 대입해보면 의외의 돌파구가 보이기도 하지요. 이것이 바로 셰익스피어 스토리에서 얻을 수 있는 가장 큰 재미입니다.

인생 여정의 든든한 나침반— 부디 주머니에 셰익스피어를 몰래 넣어보세요.

제3막

낭독의 시간

ACT 3

TIME for PLAY

©Image courtesy of The Metropolitan Museum of Art, Public Domain. Title: Hero, Ursula and Beatrice (Shakespeare, Much Ado About Nothing, Act 3, Scene 1), Engraver: Peter Simon, Date: first published 1790; reissued 1852, Object Number: 42.119.535

냉동건조된 활자를 해동시키자

여러분, 연극을 본 적이 있나요? 학교에서 연극을 해본 분이나 수업의 일환으로 극장에 간 적 있다는 분도 계시겠지요. 그런데 셰익스피어는 이렇게 생각했습니다.

'연극은 극장에서만 보는 것이 아니다.'

극장에서 공연되는 것만이 연극이 아니라, 이 세계와 지구에서 이루어지는 모든 일이 연극이라고 말했습니다. 그의 작품 중에 이런 대사가 있습니다.

> 이 세상 전부가 하나의 무대요,
> 모든 사람은 남자든 여자든 배우일 뿐이네.
> 각자 등장이 있고 퇴장이 있으며,
> 자기 차례가 오면 저마다의 역할을 연기하지.
>
> 『뜻대로 하세요』 제2막 제7장

다시 말해 여러분은 인생이라는 스토리(=연극)의 주인공인 겁니다. 그 스토리는 즐겁기도 하고 슬프기도 하며, 때로는 절망의 밑바닥으로 떨어지거나 행복의 절정에 오르기도 합니다. 셰익스피어는 인생과 세계 그 자체를 극으로 보는 넓은 시야로 연극을 만들었습니다.

하루하루 살아가다 보면 우리는 어떠한 행동을 합니다. 학교에 늦지 않으려고 뛰고, 연인과 포옹을 하고, 짜증이 나서 책상을 내리치는데, 거기에는 몸동작이 따라옵니다. 더구나 이럴 땐 몸뿐만 아니라 감정도 같이 움직입니다. 친구와 밥을 먹으면서 기분이 좋아지고, 사랑하는 사람이 생겨 더할 나위 없이 행복해지고······.

감정이라는 것은 순간적입니다. 어떤 사건이 일어나고, 행동하고, 감정이 끓어오릅니다. 그 순간의 몸짓과 마음의 움직임을 셰익스피어는 말로 '냉동'시켰습니다.

순간을 냉동시킨 것이 셰익스피어의 희곡이라면, 그의 희곡을 연기하거나 읽는 건 '전자레인지에 돌리는 일'입니다. 혹은 뜨거운 물을 붓는 일이기도 하지요. 그렇게 하면 냉동돼 있던 '좋아한다!' '증오스럽다!'는 격렬한 감정과 행동이 김이 모락모락 피어오르는 따끈따끈한 상태로 눈앞에 나타납니다. 마치 내 일처럼 생생하게 느껴지지요.

전자레인지를 돌린 사람은 누구인가요? 바로 독자인 우리입니다. 독자는 작품을 읽음으로써 상상력으로 희곡을 덥힐 수 있습니다. '오, 이렇게 되나?' 하고 머릿속으로 그리면서 셰익스피어의 세계를 즐기는 건 최고로 재밌습니다. 하지만 저는 머릿속에 그치지 않고 몸까지 써서 해동시키는 것을 추천합니다! 당신의 몸으로 즐기고 맛보고 모의체험하는 겁니다.

셰익스피어는 보는 것도 재밌고 배우는 것도 재밌지만, '하는 것'이 제일 재밌습니다. '해' 보고, 그 후에 '읽어' 보고, 이 왕복운동 속에서 차원이 다른 재미를 느끼실 거예요. 대사를 읊고 몸을 살짝 움직여도 보면서 자기 안의 감정을 불러내 각성시키세요. 표현력이 늘어나는 건 물론이고, 인생 자체가 더 즐거워집니다!

이것이 제3막 '낭독의 시간'입니다. 네? 부끄럽다고요? 괜찮습니다. 아주 조금 해볼 수 있을 만한 것부터 도전하면 됩니다. 분명 새로운 나를 만날 수 있을 거예요.

『리어왕』 한중간의 외침

먼저 이 작품부터 시작해보겠습니다. 『리어왕』입니다.

셰익스피어 작품 중에서도 최고봉이라 불리는 4대 비극이 있습니다. 이 4대 비극은 주연들이 모두 죽는 연극이에요. 『햄릿』 『오셀로』 『맥베스』 그리고 이 『리어왕』이지요. 이제부터 우리가 표현할 것은 주인공 리어왕의 대사입니다. 작품 한중간쯤 가장 재밌어지는 부분인데, 여기서 이 대사가 쿵! 하고 등장합니다. 셰익스피어는 보통 5막 구성 중 3막 2장 부근에서 인간의 마음 깊숙한 곳을 도려내듯 아주 날카로운 말을 구사합니다.

철석같이 믿었던 딸들에게 배신당해 비바람이 몰아치는 황야로 연로한 리어왕이 쫓겨나는 장면입니다. 모든 것을 다 잃은 리어왕은 뭐라고 했을까요. 잠깐 다 같이 읽어봅시다.

> 바람이여, 불어라, 네놈의 뺨이 찢겨 나갈 때까지!

> 불어라! 불어닥쳐라!
> 장대비여, 회오리여, 휘몰아쳐라!
> 우뚝한 탑을 수장시키고,
> 풍향계의 수탉을 집어삼켜라!
> 천둥이여, 전광석화 같은 유황불,
> 떡갈나무를 갈라버릴 벼락의 전주곡이여,
> 이 백발을 불살라라!
> 천지를 뒤흔드는 번개여
> 지구의 둥근 배가 납작해지도록 내리쳐라!
> 대자연의 거푸집을 박살내고,
> 배은망덕한 인간의 씨라는 씨를
> 당장 파괴해라!
>
> 『리어왕』 제3막 제2장

　이런, 느낌표가 살짝 많지요? 셰익스피어의 작품을 소리 내서 읽을 때는 포인트가 있습니다. 바로 '구두점'에 주의해서 읽는 것입니다.

　쉼표(,)는 눈으로 볼 때 읽기 쉽도록 글을 구분해놓은 것입니다. 그래서 읽을 때는 쉼표에서 끊어 읽어도 좋고, 이어서 읽어도 좋습니다. 하지만 문장의 끝을 나타내는 마침표(.), 느낌표(!), 물음표(?)가 나오면 한 박자 확실하게 쉬어줘야 합니다. 문장 하나에 생각 하나가 담겨 있거든요. 이어서 읽어버리면

서로 다른 두 생각을 한 호흡에 말하게 되는 셈입니다. 읽는 쪽이나 듣는 쪽이나 머릿속이 뒤죽박죽되지요. 재미가 반으로 줄어들어 버립니다.

> 바람이여, 불어라,
> 네놈의 뺨이 찢겨 나갈 때까지!

그러니 여기까지는 일단 한 호흡으로 읽어주세요. "네놈"이라는 말은 바람 그 자체를 가리킵니다. 주변을 파괴하는 건 기본이고 저 자신조차 찢어질 만큼 불으라니, 너무 무섭지 않나요……! 다음으로 가보겠습니다.

> 불어라! 불어닥쳐라!
> 장대비여, 회오리여, 휘몰아쳐라!
> 우뚝한 탑을 수장시키고,
> 풍향계의 수탉을 집어삼켜라!

장난이 아니지요. 여러분, 바람에게 명령한 적이 있나요? 비한테, 혹은 회오리바람한테 명령을 내린 적은요? 일상생활에선 좀처럼 없지요. 이 부분은 셰익스피어 함유도가 엄청나게 높은 편입니다.

게다가 "불어라"에서 끝나지 않고 "불어닥쳐라"까지 추가되어 있습니다. 이미 불고 있는 바람에게 강도를 더 높이라 명령하고, 그다음엔 비에 대고 명령합니다. 그냥 비가 아닙니다. 장대비입니다. 호우가 쏟아붓는 가운데 일어난 회오리한테도 명령합니다. 아예 휘몰아치라고요. 거의 열혈 소년만화 세계관에 못지않습니다.

다음은 "우뚝한 탑을 수장시키고, 풍향계의 수탉을 집어삼켜라!"로 이어집니다. 영국의 우뚝 솟은 탑이라고 하면 템즈 강변의 런던탑이 떠오릅니다. 일본이라면 도쿄 스카이트리, 한국 독자에게는 서울타워 같은 것이랄까요. 도시의 가장 높은 타워가 꼭대기까지 물에 잠길 정도로 무시무시한 폭풍우입니다. 인류가 더는 손쓸 수 없을 정도의 천재지변을 일으키려는 거군요. 이 문장을 읽을 때마다 저는 지구 재난을 다룬 할리우드 영화들이 떠오릅니다. 이어서 살펴볼게요.

> 천둥이여, 전광석화 같은 유황불,
> 떡갈나무를 갈라버릴 벼락의 전주곡이여,
> 이 백발을 불살라라!

천둥이여, 하고 한 번 부른 다음 "전광석화 같은 유황불" "떡갈나무를 갈라버릴 벼락의 전주곡이여" 하며 천둥을 '다양하게 바꿔서' 말합니다. 이번에는 무슨 명령을 하나 봤더니, "이 백발을 불살라라!"랍니다.

　백발이라는 건 리어왕 본인, 그러니까 자기 머리에 번개를 내리치라는 뜻이에요. 여기서 재미있는 사실이 있습니다. 처음에는 '바람이여 불어라' 하고 명령하며 속으로 미운 상대를 향해 저주의 말을 퍼부었습니다. 그러다 장대비와 회오리바람과 천둥번개라는 천재지변이 일어나고, 결국에는 '나를 불살라라!'에 도달합니다. 이 리어왕이라는 캐릭터는 특정 상대를 증오하는 데서 시작해, 자기 자신까지 사라져야 할 존재로 여기는 무시무시한 경지에 이르게 됩니다. 계속해서 이어집니다.

> 천지를 뒤흔드는 번개여
> 지구의 둥근 배가 납작해지도록 내리쳐라!

　지구본을 떠올려보세요. 둥그렇지요. 번개에게 그 둥근 지구를 납작해질 때까지 두들기라고 말하고 있습니다. 한국도, 일본도, 미국도, 영국도, 우크라이나도, 러시아도, 중국도, 남미도, 아프리카도, 아이슬란드도— 전부 때려부숴라! 하고 말이에요. 스케일이 더 커졌습니다……

> 대자연의 거푸집을 박살내고,
> 배은망덕한 인간의 씨라는 씨를
> 당장 파괴해라!

거푸집이란 쇠붙이를 녹여 부으면 그 모양대로 나오는 틀입니다. "대자연의 거푸집"이라면 지구의 모습을 만드는 틀이라고 하면 될까요. 그것도 전부 다 깨부수고, 배은망덕한 '너'가 아니라 배은망덕한 '인간'의 "씨라는 씨를 당장" 없애랍니다.

이것이 고작 한 페이지에 리어왕이 도달한 결론이군요. 엄청난 열량과 속도감입니다.

셰익스피어식 호흡의 법칙

여기서 대사를 읽을 때의 포인트를 알려드리겠습니다. 앞서 이야기한 구두점을 참고해서 한 문장을 한 호흡에 읽으면 『리어왕』의 호흡법을 익혔다고 할 수 있습니다.

이유가 뭘까요? 셰익스피어의 말은 기본적으로 'ONE SENTENCE, ONE THOUGHT(한 문장, 한 생각)'이기 때문입니다. 한 문장에 하나의 생각이 담겼다. 이것이 포인트입니다. 따라서 되도록 한 문장을 너무 짧게 끊지 말 것, 그리고 문장과 문장 사이를 연결해서 읽지 말 것을 유의해주세요. 한 문장을 한 호흡에. 이것만 지켜도 꽤 표현이 정돈됩니다.

그리고 또 하나 유의점이 '감정을 너무 많이 싣지 말 것'입니다. 실시간 중계나 라이브 방송을 보면 쉴 새 없이 정보를 전하잖아요? 그와 같다고 할 정도로 셰익스피어의 말에는 정보량이 많습니다. '말의 시간'에서도 살펴봤듯이, 귀로 듣고 상상할 수 있도록 쓰였기 때문이에요. 형용사 등 수식어도 정말 많습니다. 그런 것 하나하나에 감정을 담게 되면, 문장 전체에서 전하고 싶었던 의도가 정작 흐려지고 맙니다.

중요한 것은 한 문장, 한 호흡. 이걸 기본으로 자신의 몸과 감정 상태를 봐 가며 호흡하는 타이밍을 정하면 됩니다. 정석적으로 숨을 쉬는 부분에 ○ 표시를 해둘 테니, 거기서 호흡을 한 번 하고 쭉쭉 읽어나가 보세요. 중간에 숨이 차 쓰러질 것 같은 부분이 있을 거예요. 연습실에서도 제가 자주 하는 말인데, 그냥 조금만 더 힘을 내보세요. 더 이상은 뱉어낼 것이 안 남았다 싶을 정도로 숨이 다하면, 공기가 알아서 훅 들어옵니다. 그것이 다음의 말, 다음의 사고 회로로 옮겨가는 에너지가 됩니다.

　호흡이 바로 다음에 이어지는 말을 소환한다는 느낌으로 읽어보세요. 그 과정에서 등장인물의 상태와 관계가 달라집니다. ○ 표시된 부분이 숨을 들이마시는 타이밍이라고 의식하면서 다음 대사를 소리 내서 말해볼까요?

바람이여, 불어라,
네놈의 뺨이 찢겨 나갈 때까지! ○
불어라! ○
불어닥쳐라! ○
장대비여, 회오리바람이여, 휘몰아쳐라! ○
우뚝한 탑을 수장시키고,
풍향계의 수탉을 집어삼켜라! ○
(여기서 숨을 크게 들이켜세요!)
천둥이여, 전광석화 같은 유황불,

> 떡갈나무를 갈라버릴 벼락의 전주곡이여,
> 이 백발을 불살라라!
>
> (여기까지 한 호흡에 읽습니다)

좋아요, 좋아! 잘하고 있어요. "천둥이여"부터 "이 백발을 불살라라"까지 한 호흡으로 말하다 보면 공기가 모자랄 거예요. 정말로 호흡이 괴로워지면서 "이 백발을 불살라라"쯤에선 쥐어짜내는 듯한 외침이 되도록 쓰여 있습니다. 셰익스피어도, 번역자들도 굉장히 생각을 많이 한 걸 거예요.

중간에 도저히 못 참겠어서 숨을 쉰다고 해도 괜찮습니다. 하지만 '여기는 사고(思考)가 이어져 있어' '문장 하나에는 하나의 생각만이야' '한 문장, 한 생각'이라고 의식하는 것이 아주 중요합니다.

다음 대사도 호흡을 의식하면서 말해보세요.

> 천지를 뒤흔드는 번개여
> 지구의 둥근 배가 납작해지도록 내리쳐라! ○
>
> (크게 숨을 들이켜세요)
>
> 대자연의 거푸집을 박살내고,
> 은혜를 모르는 인간의 씨라는 씨를

> 모조리 파괴해라!
>
> (여기까지 한 호흡에 읽습니다)

　여러분, 아주 멋져요. 호흡을 의식하면서 말하니 점점 현장감이 살아나지요? 다음은 표현을 더 밀어붙여 볼게요.

황야를 펼치고 바람을 부르는 말

이번에는 본인 생각에 숨을 들이마시면 좋겠는 타이밍을 정해보세요. 아까 숨 참기 힘들었던 부분에도 호흡을 넣어보고요. 중간에 숨을 쉬더라도, 문장 하나엔 생각 하나라는 의식을 해야 합니다.

다음의 □ 부분 중 어디에서 숨을 쉴지 직접 체크하여 여러 버전으로 시험해보세요.

> 바람이여, □ 불어라, □
> 네놈의 뺨이 찢겨 나갈 때까지! □
> 불어라! □ 불어닥쳐라! □
> 장대비여, □ 회오리여, □ 휘몰아쳐라! □
> 우뚝한 탑을 수장시키고, □
> 풍향계의 수탉을 집어삼켜라! □
> 천둥이여, □ 전광석화 같은 유황불, □

> 떡갈나무를 갈라버릴 벼락의 전주곡이여, ☐
> 이 백발을 불살라라! ☐
> 천지를 뒤흔드는 번개여 ☐
> 지구의 둥근 배가 납작해지도록 내리쳐라! ☐
> 대자연의 거푸집을 박살내고, ☐
> 배은망덕한 인간의 씨라는 씨를 ☐
> 당장 파괴해라!

 어떤가요? 대사에 본인만의 완급과 굴곡이 생기니까 왠지 작곡하고 있는 것 같지 않나요? 셰익스피어의 말을 표현할 때는 작곡가가 된 상상을 하면 재미가 현격히 올라갑니다.
 또 하나, 챙기면 더 재밌어지는 포인트가 있습니다. "바람" "불어라" "빰이"에서 'ㅂ' 'ㅃ'은 입술을 닫았다가 열며 터뜨리는 음입니다.

 바람이여, **불**어라, 네놈의 **빰**이 찢겨 나갈 때까지! **불**어라! **불**어닥쳐라!

 굵은 글씨에서 공기가 터뜨려 나올 수 있게 의식해보세요. 난폭하고 거친 황야의 현장감이 살아납니다. "회오리여" "휘몰아쳐라"의 경우 'ㅎ'은 공기를 뱉어내는 음입니다. 숨을 토해내듯 확실히 발음하면 정말로 회오리바람이 이는 기분일 거예요.

이런 식으로 말소리에도 주의를 기울여 읽으면, 소리를 내는 것이 점점 재밌게 느껴집니다.

그런데 여러분, 읽다 보니 왠지 모르게 생기가 도는 것 같지 않나요? 사실상 욕지거리를 퍼붓고 있는 상황인데도, 펄펄 기운이 납니다. 바로 이 점이 중요해요. '셰익스피어의 말을 소리 내서 말하면 에너지가 솟는다.' 고민하고 괴로워하는 사람일수록 표현에 힘이 있어집니다. 이것은 셰익스피어 작품의 특징, 어쩌면 인간의 특징이기도 합니다.

셰익스피어의 말에는 상반되는 두 가지가 멋들어지게 공존합니다. 바로 '야성'과 '이성'입니다. 야성이란, 인간이라면 태어날 때부터 지닌 동물적인 본능이자 원시적인 감정입니다. 반대로 이성은 인간이 만들어낸 지극히 인공적이고 지적인 체계이자 말에 의한 논리입니다.

이 상반되는 '날것의 감정'과 '정제된 말'의 개념이 동시에 공존하는 인간을 그려낸 것이 셰익스피어입니다. 그는 '까불지 마!' '이 자식 가만 안 둬!' '도저히 못 해먹겠네!' 같은 거친 감정을, 말이라는 수단을 총동원해 "장대비여, 회오리여, 휘몰아쳐라!"라고 표현함으로써 분노라는 감정 안에 상상력이 깃들게 했습니다. 그 결과 읽는 이는 감정이 함께 요동치는 걸 느끼며 마음이 들끓는 듯한 감각에 빠집니다.

이 '말맛'을 꼭 소리 내어 직접 체험해보세요. 그리고 일상에서도 한번 흉내 내보세요. 해외에서는 정치가가 연설에 셰익스피어를 자주 인용하곤 합니다. 감정을 노골적으로 부딪치기만 하는 게 아니라 수사적 표현(레토릭)을 듬뿍 쏟은 말로 유도하는 편이 전달도 훨씬 잘 되고 자신의 인상 또한 달라지기 때문이지요. 여러분도 일이 뜻대로 풀리지 않을 때는 '젠장!' 대신 '바람이여, 불어라!' 하고 외쳐보는 건 어떨까요!

셰익스피어를 읽으면
이상하게 힘이 난다

표현에 관련해서 하나 더 들려드리겠습니다.

> 천둥이여, 전광석화 같은 유황불,
> 떡갈나무를 갈라버릴 벼락의 전주곡이여,
> 이 백발을 불살라라!

　이 대사를 음악의 크레셴도(점점 세게)처럼 처음에는 작게 시작해서 점점 소리 높여 읽어보세요. 그리고 하늘에 호소하듯 손을 드높이 뻗으면서 소리쳐보세요. 그러면 정말 벼락이 머리 위로 엄습하는 실감이 날 겁니다. 정제된 말을 넘실대는 감정에 실으면서 손짓발짓을 하는 동시에 소리를 발산하는 것. 이게 쾌감이 엄청납니다. 배우들이 셰익스피어 연기를 그만두지 못하는 이유지요. 또한 이 일련의 대사에는 천둥을 나타내는 말이 몇 번이나 형태를 바꿔서 등장합니다.

'천둥' → '유황불' → '벼락의 전주곡'

표현이 다르지만 모두 천둥을 가리키는 말입니다. 셰익스피어가 '천둥'에 신경 썼고 심혈을 기울였단 증거입니다. 그래서 여기서는 친한 친구에게 가볍게 말 걸듯 "천둥이여," 하고 다정하게 불러보기도 하고, 도움을 청하듯 "천둥이여!" 하고 강하게 외쳐보기도 하고, 혹은 애원하듯 "천둥이여……" 하고 빌어보기도 하면서 여러 가지 뉘앙스를 자유롭게 가미해보세요.

그리고 나서 "떡갈나무를"부터 크레센도로 점점 힘을 싣고, "이 백발을 불살라라!"에서는 노래 후렴처럼 최대치로 터뜨려 줘요. 고조된 상태 그대로 "배은망덕한 인간의 씨라는 씨를 당장 파괴해라!"를 몰아치고, 피니시!

바닥에 털썩 쓰러져도 괜찮고, 공중에 몸을 던져도 좋아요. 이렇게 '말에 몸을 맡기듯이' 움직이면 리어왕이라는 캐릭터가 가진 분노, 업보, 고독, 애수를 피부로 느낄 수가 있습니다.

여기까지 읽으니 말에 절로 움직임이 생겨났지요. 400년도 더 된 말에 지금 살아 있는 당신의 몸이 알아서 반응하고 활기가 돕니다. 이것이 바로 셰익스피어를 '하는 것', 표현하는 일의 묘미입니다.

여러 배우가 이 작품의 대사에 관해 필기해둔 사진을 뒷장에 실었습니다. 척 봐도 아주 신이 났죠? 셰익스피어는 역시 '하는 것'이 최고입니다! 셰익스피어가 그려낸 캐릭터와 말을 표현하는 건 참을 수 없을 만큼 재미있어요.

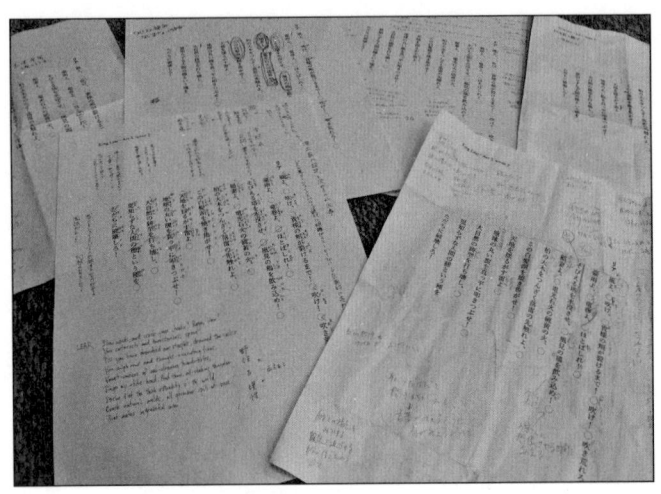

『리어왕』의 대사를 활용한 워크숍에서 배우들이 적은 노트

『한여름 밤의 꿈』은 로맨틱하지만, 동시에…

이제 비극에서 분위기를 살짝 바꿔 로맨틱한 세계로 떠나볼까 합니다. 『한여름 밤의 꿈』이라는 희극입니다. 셰익스피어의 작품 중에서도 가장 친근하고 공연 횟수도 아주 많지요. 입문용으로 제격인 테마, '사랑'을 주제로 했고요.

먼저 사랑에 빠진 청년의 말을 함께 봅시다.

| 라이샌더 | (잠에서 깨며) 그리고 불길 속이라도 뛰어들어 보이겠소, ○ 사랑스러운 그대를 위해서라면! ○ 맑고 투명한 헬레나! ○ 자연이 빚어낸 아름다운 예술, ○ 그대의 가슴을 지나 |

> 그대의 심장이 비치네.
>
> 『한여름 밤의 꿈』 제2막 제2장

 눈뜨자마자 갑자기 "그리고"라면서 시작합니다. '좋은 아침입니다' 같은 인사는 어디 두고 난데없이 불 속에 뛰어들 기세입니다. 꽤 성가신 이 녀석을 말릴 수가 없군요. 그러고 나서 눈앞에 있는 헬레나라는 여성에게 '사랑스럽다' '아름답다'며 칭찬 세례를 퍼붓습니다. 급기야 '가슴을 지나 심장이 비친다'니, 살짝 도가 지나치네요.

 사실 이 라이샌더는 잠든 눈꺼풀에 '사랑꽃' 즙을 떨어뜨린 탓에 눈 뜨고 처음 보이는 것을 사랑하게 되는 약효가 발휘된 상태입니다. 연인 허미아와 그렇게 알콩달콩 사이가 좋았으면서, 꽃즙이 발렸다는 이유로 처음 보는 헬레나에게 '좋아한다!'며 열렬한 고백을 퍼붓는 겁니다.

 이 대사도 마음에 드는 ○ 부분에 호흡을 넣어 다양하게 표현해보세요. '헬레나'를 여러분이 좋아하는 사람으로 바꿔서 말해보는 것도 재미있겠네요. 그랬다가 상대에게 이상한 사람 취급을 받아도 책임은 못 집니다.

 사실 이 '사랑꽃'에는 셰익스피어의 깊은 뜻이 있습니다. 그것은 '남자는 겉모습으로만 판단하고 표면적인 것에 약하다'는 아이러니(모순)입니다. 죽음도 불사하겠다며 진지한 얼굴로 고백하지만 원인이 고작 꽃즙 한 방울, 외모 때문입니다. 감정의 깊이와 원인의 얄팍함이 어울리지 않지요. 즉 사랑꽃은 셰익스피어가 '남자들 이런 녀석 많죠?' 하며 건네는 공감 소재인 거예요. 그래서 연기할 때는 최대한 '꼭 이런 남자 있어' '바보 같지 않아?' 하고 놀리듯이 연기해보세요.

이번에는 드미트리어스를 볼까요? 역시나 사랑꽃을 눈꺼풀에 발린 남자이고, 그가 눈을 뜨는 장면입니다. 마찬가지로 일어나자마자 보게 된 헬레나에게 엄청난 구애를 펼치네요. 게다가 이번에는 더 직설적입니다.

드미트리어스	(잠에서 깨며) ○
	아아, 헬레나, ○
	여신, ○ 숲의 요정, ○
	완벽하고도 신성한 사람! ○
	내 사랑이여, ○
	그대의 눈동자를
	무엇에 비할는지! ○
	수정 따윈 진흙에 불과하네. ○
	아아, 도톰하게 오른
	붉은 그 입술은 ○
	마치 키스하고 있는 체리, ○
	아아, 탐스럽구나! ○
	동쪽 바람 맞으며
	단단히 얼어붙은

> 토로스 산맥 봉우리의
> 흰 눈조차 ○
> 그대가 손을 들어올리면
> 까마귀로 변하네.
> 『한여름 밤의 꿈』 제3막 제2장

    노골적입니다. 좋아하는 마음은 알겠는데, 입술을 체리에 비유하면서 '탐스럽구나!'라니요. 그리고 설산의 흰 눈조차 당신 손에 비하면 까마귀처럼 까맣다니. 당신의 손은 눈보다 희고 아름답다는 뜻이지만, 사실 이 표현엔 살짝 에로틱한 의미도 담겨 있습니다. 대사에 나오는 토로스 산맥은 실제로 튀르키예 남부에 있는 산맥인데, 꽤나 눈에 띄게 솟은 산입니다. 그래서 이 부분은 드미트리어스가 헬레나에게 자극 받아 흥분했다는 성적인 은유이기도 합니다. '그대가 손을 들어올리면'이라는 것도 만져달라는 의미가 포함돼 있습니다. 너무나도 아름다운 사랑의 대사인 줄만 알았더니, 그런 의미도 품고 있다니. '로맨틱한 말이면서 동시에 음란한 의미가 숨어 있다'는 표리일체가 『한여름 밤의 꿈』의 재미있는 부분입니다.
    셰익스피어의 작품에는 이러한 '암시'를 내비쳐 상대를 어둠으로 유혹하는 듯한 성적인 대사가 곳곳에 등장합니다. 하지만 그 표현이 노골적이지 않다는 점이 포인트입니다. 『한여름 밤의 꿈』은 어느 귀족의 결혼식 여흥을 위해 쓰였다는 설이 있습니다. 결혼식 2차 파티용인 것이지요(이렇게 호화로운 2차라니!). 즉 극장에서 공연되기 전에 귀족 저택의 뜰에서 먼저 공연되었습니다. 따라서 참석자들이 흥에 겨워 몰래몰래 관계를 맺을 수 있도록, 관객들이 살짝 흥분할 수 있는 장치들을 곳곳에 놓아둔 겁니다. 이야기 속 캐릭터가 선을 넘는 짓을 하면, 관객도 현실 세계에서 선 넘기가 쉬워지는 법입니다. 사랑의 말을 속삭이고 아 아름답구나 하고 끝이 아닌 겁니다. 연기할 때는 로맨틱한 분위기뿐 아니라 살짝 에로틱한 느낌도 담아보세요. 마음을 열고 해보면 의외로 꽤 재미있답니다.

  남성의 대사만 살펴봤는데, 여성의 말도 소개할게요. 앞의 대사를 들은 헬레나는 뭐라고 했을까요. 사실 헬레나는 줄곧 드미트리어스를 좋아했습니다. 헬레나는 드미트리어스를 따라 깊고 어두운 숲속으로 들어갑니다. 거기서 그렇게 사모하던 그를 향해 이런 말을 쏟아냅니다.

헬레나	당신의 인덕(人德)이 제 보물을 지키는 수호신입니다. ○ 당신의 얼굴을 보고 있으면 밤도 밤이 아니에요. ○ 그래서 지금도 밤이라곤 생각 못하겠어요. ○ 이 숲도 외딴곳이 아니지요. ○

> 왜냐하면, ○
> 저에게는 오로지 당신만이
> 온 세상인걸요. ○
> 어떻게 외톨이란 말을
> 할 수 있어요? ○
> 이렇게 온 세상이
> 저를 바라보고 있는데.
>
> 『한여름 밤의 꿈』 제2막 제1장

사랑하는 사람이 눈앞에 있으면, 아무리 무서운 곳도 개의치 않게 됩니다. 사랑에 빠진 사람이 느끼는 천하무적이 된 기분, 풍부한 감정, 아름다움과 에너지가 흘러넘치는 장면이지요. 일부러 "왜냐하면" 뒤에 숨 쉬는 포인트를 두었습니다. 거기서 상대를 똑바로 쳐다보며 숨을 한 번 고르고, 벅차오르는 마음을 솔직하게 전해보세요.

"저에게는 오로지 당신만이 온 세상."

이 말을 몸과 마음 다해 전하는 헬레나를 부디 체험하셨으면 합니다.

다음은 요정의 여왕 티타니아의 말입니다. 티타니아는 번듯한 남편이 있으면서도 머리가 당나귀인 반인반수 아저씨에게 열정적인 사랑의 고백을 하고 맙니다. 사실 티타니아 역시 눈꺼풀에 문제의 약을 칠하는 바람에 눈 뜨고 처음 본 이를 좋아하게 되는 마법에 걸린 것입니다. 그런 전제를 바탕으로 이 말을 소리 내어 말해보세요. 당나귀 얼굴의 괴생명체에게 한눈에 반해 정열이 끓어오른 코미디 여주인공처럼 말이죠!

> **티타니아**　　부탁이에요, 다정한 분, ○
> 　　　　　　 한 번만 더 노래해주세요. ○
> 　　　　　　 이 귀는 당신의 노랫소리에
> 　　　　　　 흠뻑 취했고 ○
> 　　　　　　 이 눈은 당신의 자태에
> 　　　　　　 넋을 잃었습니다. ○
> 　　　　　　 당신의 아름다움에 깃든 힘은
> 　　　　　　 제 마음을 뒤흔들어 ○
> 　　　　　　 단 한 번 보기만 해도
> 　　　　　　 맹세하지 않고서는
> 　　　　　　 견딜 수 없어요, 사랑해요.
> 　　　　　　 『한여름 밤의 꿈』 제3막 제1장

어땠나요? 셰익스피어 작품의 등장인물들은 이토록 재밌고 멋있고 매력적입니다. 연기할 때는 부디 자신의 내면에 잠들어 있는 감정을 끌어내듯이, 있는 힘껏 표현해보세요!

감정은 원래 엉망진창

셰익스피어 작품을 연기하는 배우를 보면 저는 '제대로 놀고 있구나!'란 느낌을 받습니다. 앞서 리어왕이 분노하는 장면을 같이 살핀 것처럼, 셰익스피어는 분노 그 자체를 묘사한다기보다 분노라는 인간의 감정을 굴리면서 '놀고' 있습니다. 연기를 잘 못하는 배우는 분노 연기를 할 때 무작정 화내고 호통을 칩니다. 분노의 감정에 '잡아먹혀 있는' 상태입니다. 하지만 그러면 셰익스피어의 매력은 반으로 줄어듭니다. 말을 그대로 전달하기만 해도 다면적인 의미가 전해지는데, 거기에 분노의 감정을 더하면 의미가 한 가지 색깔로 덮여버립니다. 말이 분노에 지배당하고 마는 것입니다.

좋은 배우는 분노라는 감정을 정확히 '다룹니다'. 감정을 놀잇감처럼 다양한 방법으로 즐기면서 컨트롤합니다. 셰익스피어의 작품과 등장인물은 격정적이라고들 합니다만, '감정적'과는 가장 거리가 멉니다. 감정에 휘둘리는 것이 아니라 감정과 놀고 있습니다. 저는 연습실에서 배우들에게 종종 "너무 몰입하지 마세요"라고 주문합니다. 음악에서도 너무 몰입하면 박자가 빨라지거나 연주가 흐트러질 수 있습니다. 리어왕을 표현할 때도 진심으로 화를 내는 것이 아니라, 조금 거리를 두고 바라보며 '이 감정으로 어떻게 놀아볼까? 즐겨볼까?' 하는 관점을 갖는 것이 중요합니다.

'놀다'는 영어로 Play라고 합니다. 그리고 '연기하다' 역시 Play입니다. 연극은, 놀기 위한 것입니다. 캐릭터의 감정에 너무 깊게 들어가서 감정에 잡아먹히면 그렇게 놀 여유가 없어지고 말아요.

셰익스피어의 작품에는 일반적인 사고방식으로는 이해하기 어려운 감정적 비약이 자주 등장합니다. 『말괄량이 길들이기』라는 작품에는 '난 열심히 공부해서 출세할 거야!'라며 학구열에 타오르는 청년이 등장하는데, 비앙카라는 여성을 본 순간 그는 자기 하인(트라니오)을 향해 이렇게 말해요.

> 트라니오, 저 단아한 아가씨를 손에 넣을 수 없다면
> 나는 불타고, 시들고,
> 숨이 끊어지고 말 거야, 트라니오.
> 알려줘, 트라니오. 넌 방법을 알고 있을 테니까.
> 도와줘, 트라니오. 그렇게 해줄 거잖아.
>
> 『말괄량이 길들이기』 제1막 제1장

갑자기……?! 극장의 관객 일동은 다 같이 한마디 쏘아붙이

고 싶어집니다.

이것은 『로미오와 줄리엣』도 그렇습니다. 로미오는 처음에 줄리엣이 아닌 로잘라인이라는 사람에게 빠져 있었습니다. 로잘라인 너무 좋아, 그런 사람은 두 번 다시 없을 거야! 이러던 로미오에서 시작하지요. 그런데 마지 못해 불려 나간 파티에서 줄리엣을 본 순간, 그가 이렇게 말합니다.

> 내 마음이 지금껏 사랑을 한 적 있던가?
> 눈이여, 아니라고 말해줘!
>
> 『로미오와 줄리엣』 제1막 제5장

뭐냐고, 진짜! 힘껏 핀잔을 주고 싶어집니다. 정말이지 감정의 비약이 심합니다. 바꿔 말하면 감정을 마음껏 굴려대며 놀고 있다고 할 수 있어요.

그런데, 사실 인간의 심리란 의외로 이 정도로 뒤죽박죽이기도 하잖아요. 정말 좋아하는 사람이 있었는데 우연한 계기로 이제 다른 사람이 신경 쓰이기도 하고, 이 직업이 천직이라고 믿은 바로 다음날 다른 일에 매력을 느끼기도 하고, 단 음식을 좋아했는데 짠 오이지가 갑자기 당기기도 하고(앗, 이건 좀 다른가요?)…… 여러분도 수긍이 가는 부분이 있을 겁니다. 인간의 감정은 늘 안정적이지 않고 때로는 자기 자신도 설명할 수 없을 만큼 모순된 것입니다.

그래서 셰익스피어 작품을 읽는다는 것은 어려운 해석을 하는 시간이 아니라, 모순투성이 인간을 다시 돌아보고 '맞아, 인간이란' 하며 공감하는 시간입니다. 인간이 다 그렇죠 하고 웃어넘기는 정도가 딱 좋습니다. 앞에서 나온 『말괄량이 길들이기』나 『로미오와 줄리엣』의 말을 읽으면서 어쩐지 웃음이 나고, '이게 뭐야!' 손가락질 하면서도 받아들이고 마는 것은, 인간이라면 누구나 공감하는 부분이 있기 때문입니다.

셰익스피어는 전쟁을 테마로 한 작품에서도 전쟁이라는 것을 가지고 '놉니다'. 전쟁이 주제라면, 전쟁을 고발하거나 깊이 생각하게 되는 작품을 쓰겠다며 힘이 들어갈 법도 한데, 셰익스피어의 경우는 그 안에서 소용돌이치는 인간의 감정을 가지고 한바탕 놉니다. '논다'고 하니까 경박하게 들릴 수 있겠지만, 이는 전쟁이라는 가혹한 상황 속에서도 인간의 정신에는 자유가 있다는 인간 예찬입니다. 전쟁은 좋은 것이 아니다, 하지만 그런 세계에서도 인간은 인간을 구가(謳歌)한다는 것이지요. 그렇게 해야 오히려 진실이 보이고, 보는 사람의 생각이 더 깊어지기도 합니다.

인간임을 온몸으로 즐기자!

저는 이번에 '연극 스쿨'이라는 것을 시작했습니다. 배우가 아니라 일반인들이 연극을 하며 놀아보자는 취지의 학교이지요. 셰익스피어의 희곡을 표현하다 보면 컴포트존을 벗어나게 됩니다. 컴포트존(Comfort Zone)이란, 자신이 평소에 아무런 스트레스 없이 보내는 상태를 말합니다. 예를 들어 집에서 뒹굴거리며 보내는 생활은 아무것도 하지 않고 일하지 않아도 되는 세계입니다. 하지만 계속 그렇게 있으면 뭔가 허전한 것이 인간입니다. 그럼에도 이 컴포트존을 한 발짝 벗어나 평소와는 다른 세계로 나아가는 일은 상당한 용기를 요합니다. 좋아하는 사람에게 손을 내미는 일도, 싫어하는 사람에게 '당신이 틀렸어요'라고 말하는 일도, 모두 컴포트존을 벗어나는 일이자 큰 용기가 필요한 순간입니다.

속으로는 원하지만 막상 행동에 옮기면 무슨 일이 일어날지 알 수 없는 미지의 세계. 자신이 어떻게 될지 모르는 채 살짝 떨리는 마음으로 다가올 미래에 몸을 던지는 것. 이는 가능성의 문을 여는 일이기도 합니다. 좋아하는 사람에게 거절당

할 수도 있고, 손을 맞잡게 될 수도 있습니다. 하지만 용기 내 손을 내밀지 않는다면, 그 손을 맞잡는 순간은 오지 않겠지요. 절반은 예측할 수 있지만 나머지 절반은 전혀 알 수 없는 세계로 뛰어든 덕분에 인생은 비로소 새로운 장면을 펼치기 시작합니다.

저는 연출을 할 때 기존의 연극이나 연출 스타일을 이것저것 섞는 데서 출발하지 않습니다. 가장 먼저 생각하는 것은, 셰익스피어가 그려낸 인간들이 어떤 식으로 자신에게 주어진 욕망과 고난에 뛰어드는가입니다. 셰익스피어를 표현한다는 것은 연극이라는 틀 안에서 연기를 고민하는 일이 아니라 '인간을 탐구하는 것'에 가깝습니다. 쉽게 말해, 현대를 살아가는 우리가 무심코 잊고 지내는 '우리는 인간이다!'라는 사실을 새삼스레 체감하는 행위입니다.

셰익스피어를 표현한다는 것은 컴포트존을 벗어나서 인간임을 온몸으로 즐기는 것, 실로 호사스러운 기쁨이자 삶의 포상이라고 말할 수 있습니다.

셰익스피어의 세계에서는
사랑하는 사람을 만나 내달려도 좋고
출세하고 싶다면 타인을 밀어내도 좋고
세상을 더 나은 곳으로 만들기 위해
몸이 가루가 되어도 좋고
가장 가까운 이의 죽음을 마음속 깊이 한탄하며
원수를 실컷 갚아도 좋고
진탕 술을 마시고 우렁차게 저급한 노래를 불러도 좋고
상대를 뼛속까지 저주해서 매도해도 좋고

누군가 실패하는 걸 보고 남 눈치고 뭐고
박장대소를 해도 좋고
자신이 믿는 길을 당당히 성큼성큼 걸어가면 되고
정의의 깃발을 드높이 흔들며 진군하면 되고
대악당이 되어 세계를 질곡의 공포로 물들여도 좋고
사랑하는 사람에게 '사랑한다'는 말을
온 몸과 마음을 다해 전해도 좋습니다.

셰익스피어는 우리의, 우리를 위한 놀이터입니다. 여기서는 뭐든지 자유롭게 표현할 수 있습니다. 셰익스피어 작품 위에 'Play'(=연기하다, 표현하다, 놀다)라는 무기를 더해서 여행을 떠나면 천하무적이나 마찬가지입니다. 당신이 한 걸음 내딛는 곳은 가능할지도 모르는 또 다른 자신과 만나는 곳이자, 자신을 더 넓게 열어가는 공간입니다.

이 세상은 전부 무대입니다. 자, 이제 당신 차례입니다!

제4막

연출의 시간

ACT 4

TIME for DIRECTING

ⓒImage courtesy of The Metropolitan Museum of Art, Public Domain. Title: Ophelia (Shakespeare, Hamlet, Act 4, Scene 7), Engraver: Charles Heath, Date: 1825-33, Object Number: 41.91.149

또 하나의 행성을 만드는 일

제4막까지 잘 오셨습니다. 말, 이야기, 낭독을 통해 셰익스피어의 세계에 풍덩 빠져봤는데, 이번 시간은 제가 가장 아끼는 주제를 전수하고자 합니다. 바로 연출입니다. 연출은 작품에 골몰하고 음미하며 어떻게 하면 사람들이 최고로 좋아할까를 생각하는 엄청 재미있는 작업입니다. 이 장을 통해 제일 즐거운 셰익스피어 탐닉법을 여러분께 선물하겠습니다.

작가, 법률가 등 '가'가 붙는 직업은 다양한데 '연출가'는 실제로 무슨 일을 하는지 잘 모르겠다는 분들이 많겠지요. 연출이라는 놀이의 맛은 한번 알아버리면 멈출 수 없습니다. 특히 셰익스피어 연출은 인간과 세상의 재미를 종횡무진하며 전부 다 맛볼 수 있답니다. 과거, 현재, 미래를 타임머신으로 넘나들며 그 시대 사람과 세계를 만나고, 거기서 찾아낸 재미와 발견, 감동을 지금을 살아가는 관객, 동료들, 잘하면 전 세계 사람들과 함께 나누고 사랑받을 수 있는 최고의 스릴과 기쁨이 있습니다.

그럼 애당초 연출이란 무엇일까요? 살짝 추상적으로 표현하면, 셰익스피어가 '말'이라는 형태로 전달해준 인간과 세상의 재미는 고스란히 살리면서, 거기에 자신만의 궁금증을 더해 무대 위에 '또 하나의 행성'을 구축하는 일입니다. 배우라는 실제 인간과 함께 말이지요. 조명 감독, 미술 감독, 무대 감독, 의상 디자이너, 작곡가, 음악가, 연출 조수 등등 프로페셔널한 동료들도 빼놓을 수 없습니다. 셰익스피어의 말을 읽고 상상한 '또 하나의 행성'을 이들과 다 같이 제로(0)부터 만들어 나가는 작업의 리더가 연출가입니다. 영화로 말하면 스티븐 스필버그나 미야자키 하야오 감독 같은 존재지요. 앞장이 배우의 시점이었다고 하면, 이 장은 배우의 연기로 작품을 만들어내는 감독의 시점이라고 생각해주세요.

하지만 연극은 영화와 크게 다른 점이 있습니다. 몸을 갖고 숨을 쉬는 인간(배우)이 정말로 무대 위에 살아 있다는 점입니다. 영화처럼 영상 속에 이미 찍혀 있는 배우를 보는 게 아니라, 눈앞의 무대를 보고 있는 우리와 무대 위에 서 있는 배우가 같은 시공간을 공유합니다. 그러니까 무대 위에서 일어나는 일은 허구의 세계인데, 동시에 실제 현실이기도 합니다. 거짓인데 진짜. 진짠데 거짓. 무대 위는 그렇게 신기한 장소입니다. 저는 그걸 "또 하나의 행성"이라고 부릅니다.

셰익스피어 작품의 연출가는 셰익스피어의 희곡(말)을 바탕으로 어떤 작품을 어떤 타이밍에 어떤 식으로 공연할지 결정하고 스태프와 배우 등 여러 사람과 소통하여 실현해내는 일을 합니다. 새로운 행성의 법칙은 연출가인 당신이 리더십을 갖고 정하면 됩니다. 바람을 자유롭게 불게 해도 좋고, 당신이 아끼는 등장인물의 머리 위에 '빛이 있으라!' 하면서 스포트라이트를 쏴도 좋습니다. 온통 해바라기로 가득한 밭에서 로미오와 줄리엣이 사랑을 속삭이게 해도, 요정이 공중을 날아다니게 해도 좋습니다. 머리와 다리가 거꾸로 된 마녀가 경쾌하게 춤을 취도 아무런 문제가 없습니다.

이렇게 보면 셰익스피어를 가장 즐길 수 있는 포지션이 연출가라는 사실도 납득이 가지요? 셰익스피어의 재미를 느끼려면 연출가가 되어보는 것이 제일입니다. 딱히 직업적 연출가가 아니어도 머릿속으로 꿈꾸는 몽상적 연출가가 돼버리면 그만입니다. 독자가 아닌, 배우도 아닌, '그 작품을 어떻게 CREATE(창조)할까' '어떻게 연기를 시킬까' 하는 연출가의 시점에서 셰익스피어와 놀아보세요. 작품이 너무 재밌어지고 새로 보이는 점들도 가득할 거예요.

연출 이야기를 구체적으로 하기 전에, 연출가 선배로서 연출 시의 중요한 포인트를 전해드리겠습니다. 그것은, '자신을 천재라고 생각하기'입니다. 누가 뭐라 해도 당신은 지구를 또 하나 만드는 연출가이니까요. 만약 평소에 우유부단한 성격이라도 연출을 할 때는 자신이 좋아하는 것, 하고 싶은 것에 따라 자신만만하게 '이걸로!' 하고 결정해버려도 괜찮습니다. 틀렸다 한들 몽상인데 무슨 문제인가요. 진짜로 지구가 멸망하는 것도 아닌데요. '천재'인 당신은 모든 것을 실현할 수 있고, 아니다 싶으면 나중에 원상복구하면 됩니다. 그럼 준비는 다 됐습니다. 연출의 시간을 시작합니다!

셰익스피어 책의 세계를 '아이쇼핑'

 이제 당신은 연출가입니다. 뭐든 좋으니 셰익스피어의 작품 중에서 하나를 골라보세요. 직감 또는 우연을 믿고 아무거나 쏙 뽑으면 됩니다. 만약 근처 서점에 셰익스피어 코너가 있다면, 책장 앞에 서서 눈 딱 감고 에잇 하고 뽑아도 좋습니다.
 어떤 작품을 골랐나요? 『로미오와 줄리엣』? 『햄릿』? 『베니스의 상인』? 아니면 『안토니와 클레오파트라』? 뽑은 작품을 먼저 팔랑팔랑 넘겨보세요. 꼭 이해하려 들지 않아도 괜찮습니다. 오, 이런 말은 재밌네. 엄청 길다. 글씨가 많아. 등장인물 이름이 웃기네. 이러면서요. 책의 세계를 '아이쇼핑' 하는 듯한 가벼운 기분이 중요합니다.
 그렇게 책을 살짝 산책했다면, 뒤표지에 있는 줄거리를 읽어보세요. 와, 이런 이야기구나. 오호, 이렇게 전개된다고? 헉, 어려운데? 등등. 뭔가 느껴지는 게 있다면 상당히 좋은 신호인 겁니다. 그리고 나서 최근에 당신이 생각하고 있는 점이나 일상에서 인상 깊었던 사건, 세계 뉴스를 떠올리며 질문을 던져 보세요.

나는 요즘 세상의 어떤 부분에 재미를 느끼나?

아니면 어떤 점에 문제를 느끼나?

어느 곳으로 마음이 동하나?

그리고 작품을 다시 한 번 팔랑팔랑 넘겨보세요. 아까보다 내용이 더 친근하게 느껴질지도 몰라요. 혹은 오히려 더 먼 존재로 느껴질지도 모르지요. 아무튼지 셰익스피어와 함께 생각해보는 거예요. 마음에 드는 카페에서 잡담을 나누는 느낌으로요.

'있잖아, 네가 쓴 이 말 좀 마음에 들더라.'

'이 말은 무슨 말인지 모르겠던데.'

'왜 이런 장면을 썼어? 혹시 어제 인터넷에서 시끄러웠던 그 일 얘기야?'

이렇게 수다를 떨다 보면 왠지 친구가 된 느낌이 들어요. 만약 여기서 셰익스피어와 분위기가 별로 좋지 않았다면, 일단 '또 보자!' 하고선 책을 제자리에 갖다 놓으면 됩니다. 지금의 생각이나 느낌을 바탕으로 다른 작품을 골라보세요. 본서 말미에 '성격유형별 셰익스피어 추천 작품 차트'를 실었으니 그것도 참고하시면 좋고요. 결과적으로 지금의 당신이 '이거면 셰익스피어와 수다를 떨 수 있겠다' 싶은 작품을 하나 발견해보세요. 이걸로 연출가로서의 첫발은 이미 내디뎠답니다.

연출가의 읽는 법

━━━━━

자, 셰익스피어의 작품 하나를 손에 넣었습니다. 이제부터 연출가의 시점으로 그 작품을 읽어볼 텐데, 방법을 살짝 알려드릴게요. 바로 '놀면서 읽기'입니다. 무슨 말인가 하면, 여러분 인생에서 마주한 온갖 일들을 관련 지으면서 읽는 겁니다. 작품 안에 그려진 것이 옛날이야기 같더라도, 나 자신과 가까운 일에 연결시켜 보는 것이 중요합니다.

『맥베스』를 고른 당신, 맥베스 부부의 심각한 대화를 읽고 혹시 주변에 닮은 커플이 없는지 떠올려보세요. 불길한 예언을 전하는 마녀들이 등장할 때는 어떤 음악이 어울릴지 생각해보세요. 사람 좋은 성격의 던컨 왕은 어쩌면 학교의 교장 선생님이나 회사 사장님일지도 모릅니다. 혹은 죄를 짓고 '잠이 오지 않아!' 하고 외치는 맥베스의 마음을 상상할 때는 낮의 일이 신경 쓰여 밤새 뒤척였던 날의 자신을 대입해보세요.

『한여름 밤의 꿈』을 고른 당신이라면, 장난기 많은 요정 퍽이 하늘을 날 때 어떤 소리가 들릴지 귀를 기울여보세요. 숲속을 헤매는 연인들의 장면에서는 좋아하는 사람과 처음 밤산책을 나갔을 때 가방 속에 뭘 넣었던가를 구체적으로 떠올려보세요. 등장인물끼리 연극을 준비하며 깔깔거리는 장면은 즐겁게 촬영 중인 유튜버의 풍경을 상상해도 좋을 거예요.

이런 식으로 셰익스피어가 미처 다 적지 않았던 '말의 외부에 있는 것'을, 희곡의 말을 힌트 삼아 내 세계와 연관 지으면서 읽어보는 겁니다. 책과 어울릴 만한 음악을 트는 것도 좋겠네요. 얼핏 셰익스피어와 관계가 없어 보이는 만화, 영화, 드라마, 아니면 뉴스, SNS에서 화제가 되고 있는 것까지, 생각나는 대로 엮으면서 읽어봅시다.

이것이 셰익스피어의 작품을 '놀면서 읽기'입니다. 그렇게 놀다 보면 종이에 갇혀 있던 등장인물이 바로 옆에 앉은 사람으로 보이기도 하고, 최근에 일어난 사건과 셰익스피어의 이야기 속 세계가 꼭 닮아 보이기도 합니다. '뭐야, 셰익스피어는 내 얘기를 쓴 거였어?'라는 생각까지 들 수도 있어요.

나만의 '끌림 포인트' 찾기

여기까지 왔다면, 당신만의 '끌림 포인트'를 찾아보세요. 이 작품에서 내가 제일 좋아하는 부분, 지금의 나에게 가장 재밌게 느껴지는 부분이에요. '이 말이 너무 와 닿아.' '저런 행동은 용서 못해!' '나라면 여기서 이렇게 할 것 같은데.' '아주 막장으로 전개되는구나.' '이런 사람 있으면 좋겠다.' 정말 여러 가지가 있겠지요. 꼭 시간을 충분히 들여 골라보세요. 나아가 여러분이 꼽은 '끌림 포인트'를 힌트 삼아서, 셰익스피어가 어떤 질문을 던지고 있는지도 생각해보세요.

『로미오와 줄리엣』에서 사랑 고백이 너무 와 닿았던 분이라면, '이토록 간절한 사랑도 혹시 유통기한이 있을까?'라는 질문으로 이어질 수 있어요. 『줄리어스 시저』에서 브루투스의 행동을 보며 '나라면 절대 그렇게 안 했을 텐데' 하고 느꼈다면, '우정과 정의가 충돌할 때는 어떤 선택이 옳은 걸까?' 같은 질문이 생각날 수 있겠지요. 오래 고민한 것이든 문득 스친 것이든 자신의 내면에서 떠오른 질문이라면 뭐든 괜찮습니다.

'로미오와 줄리엣처럼 끝이 슬픈 사랑이라면, 처음부터 안

만나는 게 좋을까?'

'시저 같은 카리스마 리더가 지금 우리 세상에도 필요할까?'

'『한여름 밤의 꿈』에 나오는 요정은 뭘 나타내는 걸까? 나도 살면서 스친 적이 있을까?'

참고로 이 질문들에 대한 답은 무엇이다, 라고 말하고 싶지만 사실 정답은 없습니다. 셰익스피어는 답을 적지 않았어요. "사느냐 죽느냐, 그것이 문제로다"라는 말을 썼으나 '지금을 살아야지!'라고도, '죽으면 편해!'라고도 쓰지 않았습니다. 항상 '물음'만 던져주었지요. 셰익스피어는 해결보다 고민 그 자체를 흥미롭게 여긴 작가였을지도 모릅니다.

연출가인 여러분, '이 작품의 질문은 뭘까?' 하고 꼭 생각해 보세요. 끌림 포인트가 있다면 거기서부터 자기만의 질문을 찾아낼 수 있을 거예요. 좋아하는 포인트가 다르면 질문이 달라집니다. 질문이 달라지면 연출도 달라져요. 그에 따라 무대 위에 만들어지는 또 하나의 행성의 모습이 달라집니다.

연출가의 일이란 자신이 찾아낸 '질문'을 관객에게 어떻게 전할지 생각하는 것이라고 바꿔 말할 수 있겠네요. 여러분은 어떤 작품에서 어떤 좋아하는 포인트를, 그리고 어떤 질문을 찾아냈나요?

끔찍하게 잔혹한
『타이터스 앤드로니커스』

이제 여러분과 함께 하나의 작품을 연출하는 구체적인 과정을 체험해볼까 합니다. 여기서는 『타이터스 앤드로니커스』라는 작품을 다룰 거예요.

제1막 '말의 시간'에서 "죽어라, 죽어, 라비니아"라는 대사를 언급했는데, 원래 알았거나 읽어봤다는 분들은 거의 없지 않을까요. 사실 이 작품은 셰익스피어 중에서도 최상급 마이너한 작품으로, 아는 사람이 전무하다시피합니다. 셰익스피어가 젊은 시절에 썼던 아주 잔혹하고 비참한 이야기로 알려져 있지요. 국내외를 막론하고 거의 상연이 되지 않습니다. 졸작이라는 평까지 듣습니다. 그런데, 정말 그럴까요? 같이 살펴보겠습니다.

우선은 대체 어떤 이야기인지 줄거리를 소개하려 합니다. 다만, 극단적인 폭력이 포함된 내용이어서 글만으로도 괴로움을 느낄 수 있습니다. 잔인한 복수극이라는 점만 알고 넘어가셔도 괜찮으니, 다음 내용을 읽을지 신중히 판단해주세요.

로마와 고트라는 두 나라가 전쟁을 합니다. 작품 제목인 '타

'타이터스 앤드로니커스'는 로마의 장군 이름입니다. 타이터스는 조국 로마를 위해 온 힘을 다했고, 오랜 전쟁 끝에 고트족을 물리치며 승리합니다. 그는 고트의 여왕 타모라를 포로로 잡아 로마로 데려옵니다. 그리고 끔찍한 짓을 저지릅니다. 여왕의 아들을 대중 앞에서 사지가 찢기는 형벌에 처하고 불에 태운 것입니다. 민중들은 열광합니다. 로마인들 역시 고트족에게 가족이나 친구를 잃었기 때문입니다.

고트의 여왕은 깊이 슬퍼합니다. 아들이 타이터스의 손에 그런 처참한 죽음을 당하다니. 그녀는 맹세합니다. 언젠가는 사랑하는 아이를 앗아간 타이터스 일족을 뿌리째 멸망시키겠다고요. 이후 묘한 계기로 고트 여왕은 로마 내에서 신분이 상승하고, 마침내 로마의 여왕 자리에까지 오르게 됩니다. 그녀는 무시무시한 복수를 계획합니다. 살아남은 두 아들로 하여금 증오스러운 타이터스의 딸을 겁탈하고, 누구의 범행인지 알 수 없도록 딸의 혀와 손을 잘라 아버지 타이터스에게 돌려보냅니다. 타이터스는 처참하게 변해버린 딸을 보고 절망과 비통에 빠집니다. 그리고 이번에는 타이터스가 고트 여왕에게 복수를 다짐합니다.

그는 어떤 복수를 했을까요. 여왕의 두 아들의 사지를 찢어 파이로 만들고, 그 사실을 모르는 어머니, 그러니까 고트 여왕에게 먹이는 보복을 합니다. 아무것도 모른 채 맛있게 파이를 먹는 여왕. 두 아들에게도 파이를 맛보게 하고 싶어서 주위를 둘러봅니다. 그런데 아들이 보이지 않습니다. 당황한 여왕에게 타이터스는 이렇게 단언합니다.

> 아니, 이미 거기에 있잖소,
> 둘 다 그 파이 속에 구워져서,
> 어머니가 방금 아주 먹음직스럽게 드셨잖소,
> 자신이 낳은 살을 자기가 먹은 셈이지.
> 정말이요, 정말이래도,
> 이 단검의 칼끝이 바로 증인이오.
>
> 『타이터스 앤드로니커스』 제5막 제3장

   그리고 마지막에는 다 같이 서로 죽고 죽이는 결말. 이런 이야기입니다. 여러분, 괜찮으세요?

   셰익스피어는 왜 이런 작품을 썼을까요? 깜짝 놀라게 하려고? 잔혹극이 인기라서? 연출가가 되어 같이 생각해봅시다.

수많은 작품 중 왜 '이것'?
—작품 선택의 동기

연출을 하다 보면 작품과 현실의 사건이 서로 이어져 깜짝 놀랄 때가 있습니다. 2022년에 『리어왕』을 연출했을 때, 한창 연습을 하는데 러시아가 우크라이나를 침공하기 시작했다는 겁니다. 그야말로 『리어왕』 후반에 나오는 전쟁 장면과 꼭 겹쳤고, 전쟁이 진행되면서 이 작품의 다음 대사가 우리에게 말을 거는 것처럼 느껴졌어요.

> 이 비통한 시대의 무거운 짐은
> 우리가 짊어지고 가야만 합니다.
> 해야 해서 하는 말이 아닌,
> 느낀 그대로의 말을 털어놓읍시다.
>
> 『리어왕』 제5막 제3장

셰익스피어는 당시의 생생한 사회 정세에도 안테나를 곤두세워 작품을 그렸습니다. 그는 잔혹한 내용을 단순히 돈을 벌기 위해 잔혹하게 묘사하는 일은 하지 않았습니다. 그렇기 때문에 잔혹함에 휘둘리는 인간의 민낯이 고스란히 부각되었고, 지금도 유효한 보편적인 문제로서 보는 사람의 마음에 질문을 던지고 있습니다.

> 연기의 목적은 예나 지금이나,
> 말하자면 자연을 향해 거울을 내걸어,
> 미덕도 악덕도 제 모습 그대로를 드러내도록
> 시대의 실체를 선명하게 비추어내는 일이오.
>
> 『햄릿』 제3막 제2장

『리어왕』을 연출한 지 2년이 지났고, 아직 우크라이나 정세도 수습될 기미가 보이지 않습니다. 이 와중에 저는 『햄릿』의 저 말을 떠올렸습니다. 연기의 목적은 '시대의 실체를 선명하게 비추어내는 일'. 지금 우리가 사는 현실을 보면 전쟁, 복수, 파괴, 몰락 같은 잔혹한 광경이 소설 아닌 삶의 일부가 되어 있습니다. 이러한 시대의 실체를 비출 수 있는 연극, 지금 가장 상연되어야 할 연극은 『타이터스 앤드로니커스』가 아닐까 생각했어요.

졸작이라는 평을 받고, 끔찍해서 볼 가치가 없다는 소리까지 듣는 작품입니다. 하지만 연출가로서 셰익스피어와 대화를 나누다 보니, 이 이야기를 새로 각색해서 상연하면 아이들도 볼 수 있고 어른들도 본인의 기존 정치적 입장이나 '해야 해서 하는 말'이 아닌 '느낀 그대로'를 솔직하게 터놓을 수 있는 작품으로 전달할 수 있으리라 생각했습니다. 그래서 〈신(新) 타이터스〉라 제목 붙이고 연출을 준비하게 되었지요. 즉, 셰익스피어 작품으로 지금 살고 있는 우리 세계를 들여다보면 생각의 실마리가 보이지 않을까 한 것이 연출의 동기입니다.

왜 인간은 싸움을 멈추지 않을까?

전쟁으로 가족을 잃는 일이 계속되면 인간은 어떻게 될까?

앞으로를 살아가기 위해서 무엇을 중요하게 여겨야 할까?

이런 질문을 다시 생각하고 싶고 또 생각해야만 한다 싶을 때, 셰익스피어가 옆에 와서 '같이 해보지 않을래?' 하고 말을 건 기분이 들었습니다. 하지만 그 시점에 답이 있었던 것은 아닙니다. 이 작품을 다 함께 고찰하다 보면 무언가 찾을 수 있지 않을까라는 예감이 있을 뿐이지요.

화석에서 먼지 털기
—작품 이해하는 법 1

================

'이 작품으로 가자!' 하고 정했으면 작품을 세세하게 읽는 작업에 들어갑니다. 셰익스피어의 대본은 400년도 더 된 옛날에 쓰인 것이라서 울퉁불퉁한 오래된 바위 같은 상태입니다. 희곡은 연극을 만들기 위한 설계도인 만큼, 우선은 이 화석을 찬찬히 파헤쳐보는 과정이 필요합니다. 여기서 꼭 유념해주셨으면 하는 두 가지가 있어요.

첫 번째는, '단숨에 읽지 말 것'입니다. 이유는 단순합니다. 한 작품을 오래 정독하다 보면 지쳐버리기 때문이에요. 셰익스피어 작품은 현대와도 통하는 인간과 세상의 본질을 그렸지만 동시에 그가 살았던 옛 시대 배경이 반영된 부분도 있습니다. 문화, 종교, 사회 제도 등 지금 읽으면 모르겠는 부분이나 이해하기 어려운 내용이 나오는데, 그런 것을 하나하나 조사하다 보면 끝이 없습니다. 연출은 시대 배경을 파헤치고 고증을 제대로 하는 것이 주된 목표가 아닙니다. 물론 알면 손해 볼 건 없고, 그 또한 읽는 기쁨 중 하나이긴 합니다. 하지만 더 중요한 것은 작품의 보편적인 테마를 추출해 거기에 초점을 맞추는 것입니다. 시대 배경 같은 데서 살짝 벗어나, 작품의 심저에 무엇이 자리하고 있는지 살피고 그걸 부각시키는 과정이 필요합니다. 따라서 전부 이해하지 않아도 됩니다. '당시 로마 상황을 모르겠어' '난 역사는 잘 몰라' 같은 이유로 그만두기엔 아까워요! 모르는 부분은 일단 넘기고 왠지 궁금하다 싶은 부분을 집중적으로 읽습니다. 앞서 이야기했듯이 '나는 어떤 부분이 신경 쓰이는가'를 느끼는 것이 연출의 첫걸음입니다.

이어서 유의할 점 두 번째는, '현재에 대입하면서 읽을 것'입니다. 이게 정말 중요합니다. 예를 들어 '로마 장군 타이터스 앤드로니커스'라고 하면 잘 상상이 가지 않을 수도 있어요. 그럼 이렇게 해보세요. '군인으로 활약하는 무장(武將)이자 지도자이기도 하다. 그럼 우크라이나의 젤렌스키 대통령 같은 느낌인가?' 〈엘든링〉의 보스, 라단 장군? 〈진격의 거인〉의 주인공, 엘런 예거?' 지금 살아 있는 인물이나 자신이 잘 아는 게임·애니메이션 속 캐릭터에 빗대어 떠올리면서 읽는 거예요. 전쟁에서 큰 공을 세운 사람, 해외에서 이름을 날린 대단한 사람, 이 정도의 대략적인 분위기로 여러 인물을 자유롭게 상상해보세요. 『타이터스 앤드로니커스』에는 아주 못되고 횡포한 정치가도 나오는데, 여러분은 누굴 대입하실 건가요? 트럼프? 푸틴? 아니면 여러분 옆에 있는 바로 그 사람?

이렇게 읽다 보면 뜻밖에도 현재와의 연결고리가 보이는 경우가 아주 많답니다.

겉모습 안을 들여다보면
—작품 이해하는 법 2

국가 간의 다툼과 거기서 생겨나는 인간의 복수를 그린 『타이터스 앤드로니커스』를 읽다 보니 신경 쓰이는 주제가 하나 떠올랐습니다. 바로 '피(血)'입니다.

지금 우리는 스마트폰, SNS, 넷플릭스, 줌(Zoom)미팅 등 여러 디바이스와 서비스에 둘러싸여 있습니다. 소통방식도, 오락거리도, 신체적 접촉이 없는 형태가 상당 부분을 차지하게 됐지요. 하지만 한편으로 그것들을 조종하고 있는 건 살아 있는 육체를 가진 우리 자신입니다. 육체 안에는 항상 '피'가 흐르고 있습니다.

평소에는 그다지 의식하지 않아도 피는 인간을 움직이게 하며, 무시할 수 없는 요소입니다. 피가 이끄는 대로 행동해서 좋은 결과로 이어질 때도 있지만, 전쟁처럼 나쁜 방향으로 흐르기도 합니다. 혈액형 운세 보기처럼 가벼운 놀이가 있는가 하면, 혈통에 따라 인간을 나누는 것이 과연 괜찮은가 하는 심각한 문제도 존재합니다. 가문이라는 혈연 공동체로 움직이기도 하고, 부모와 자식 사이의 따뜻한 혈연과 '냉혈한' 같은 무서운 이미지가 동시에 있습니다.

'『타이터스 앤드로니커스』를 지금 이 시대에 상연하여 우리 안에 흐르고 있는 피를 재확인해 보는 건 어떨까?'

처음에는 현대 사회에 어떤 질문을 던질 수 있지 않을까 하고 막연히 기대했지만, '피'라는 주제를 발견하면서 그 기대가 조금 더 구체화됐습니다.

또한 이 작품은 피와 함께 '전쟁'이라는 큰 주제도 지니고 있습니다. 나라 대 나라 혹은 종교 대 종교 등 신념이 다른 사람들이 영토와 부를 위해 서로 죽고 죽입니다. 서로 죽고 죽이는 동안에 그것이 습관에 가까워집니다. '로마와 고트족의 전쟁'이라는 역사적 사실이 중요한 것은 아닙니다. 인간은 신념의 차이로 싸우거나 싸움을 강요받음으로써, 무엇보다 자신이 가장 사랑하는 사람을 잃게 됩니다. 가족, 아버지, 어머니, 형제자매, 자녀, 할머니, 할아버지, 연인, 가까운 사람, 좋아하는 선생님, 보살펴주던 선배. 그런 사람들을 전쟁이 앗아갈 때 인간은 어떤 생각을 하고 어떤 행동을 취할까요?

자신이 가장 사랑하는 사람이 죽는 개인적인 이야기, 그리고 국가 간의 전쟁이라는 거시적인 이야기. 이 두 가지가 겹치는 삶을 사는 사람에겐 어떤 감정이 생길까, 어떤 행동이 나올까. 이중의 레이어(층위) 속에 살아가는 인간 마음의 변화에 주목해서 작품을 읽었습니다.

그렇게 『타이터스 앤드로니커스』를 여러 각도에서 바라보다 보니, 이 작품이 마냥 꾸며낸 이야기가 아니라 지금 우리들의 문제로 다가오더군요. 여기에서 한 걸음 더 나아갈 필요가 있었습니다. 찾아낸 주제에서 '질문'을 발견하는 것이지요.

작품의 줄거리를 보면 알 수 있듯이, 자신의 아이가 살해당하면 부모는 복수를 하게 되고 맙니다. 누군가의 소중한 사람을 죽이는 전쟁에서는 복수의 응보가 일어날 뿐입니다. 여태껏 인간의 역사에서 반복되었던 일이지요. 하지만 그럼 앞으로도 같을 수밖에 없는 걸까요? 지금 이 시대는 과연 그 반복을 멈출 수 있을까요?

연출가는 항상 미래를 응시한 질문을 고민해야 합니다. 왜냐하면 극장을 나온 관객이 향할 곳은 미래밖에 없기 때문입니다. 우리는 늘 미래를 향해 살아가고 있고, 방금 본 연극은 그 미래에 많든 적든 영향을 줍니다. 따라서 연출가는 단순히 과거를 꺼내오는 데 그치거나 '어쩔 수 없지'라며 현재를 체념하기보다, '미래에는 어떻게 해야 할까?'라는 질문을 내놓아야만 하는 거예요. 극장에 모인 많은 사람들이 그 질문을 받아들일 때 변화가 생겨납니다. 질문을 진지하게 생각하는 마음속에 어느새 미래를 향한 의지가 깃들기 때문입니다.

셰익스피어 역시 잔혹한 세상 속의 인간이 어떤 슬픔을 짊어지고 어떻게 살아가야 하는지를 함께 고민하기 위해 이 작품을 썼다고 생각합니다. 이 전제를 가지고 작품을 다시 들여다보면, '손을 잘랐다' '혀를 잘랐다' '끔찍한 파이' 같은 잔혹한 묘사 뒤에 자리하고 있던 인간의 슬픔, 가여움, 두려움, 무력함, 애틋함, 격렬함, 아름다움…… 그러한 것들이 비로소 하나둘 보이기 시작합니다.

미래로 던지는 질문
—작품 이해하는 법 3

─────

『타이터스 앤드로니커스』에는 '아론'이라는 악인이 나옵니다. 이 이야기의 잔혹한 사건들을 꾸민 장본인이자 정말 극악무도한 사내인데요. 아기가 태어난 순간 아기를 끔찍이 아끼는 부모의 모습을 보입니다. 그리고 이야기 마지막에 모두가 죽음을 맞이하는 가운데 그 아기만은 유일하게 살아남습니다.

 '어른들이 서로 죽고 죽인 후에도 아기는 다가올 시대를 살아간다. 어른들이 만들어낸 잔인한 세상에서 앞으로를 살아갈 아기는 무엇을 짊어지게 될까?'

 그 생각에 미치자, 저는 이 작품을 14세 청소년의 마음으로 읽어보면 어떨까 싶었습니다. 아직 사회적 역할이 주어지지 않았고, 앞으로 사회에 나가 미래를 직접 만들어갈 수 있는 연령. 게다가 14세는 다양한 감정을 느끼는 시기이기도 합니다. 그렇게 앞날이 있는 감수성 풍부한 청소년의 시점에서 봤을 때는 어떻게 느껴질지 생각하면서 읽어봤더니, 이 작품이 완전히 다르게 보이기 시작했어요. 그리고 매우 절실한 질문이 생겨났지요.

'왜 어른들은 이런 짓을 할까? 나도 어른이 되면 이렇게 살아야 하는 걸까? 대체 나는 어떻게 하면 좋을까?'

이 질문을 연출의 출발점으로 놓자고 생각했습니다. 실제로 『타이터스 앤드로니커스』를 원작으로 한 〈신 타이터스〉 공연에 10대 소년을 출연시켰고, 이 소년과 '까마귀라 불리는 남자'의 대화를 통해 이야기를 전개하는 연출을 했습니다('까마귀'란 당대에 셰익스피어를 가리킨 별칭이기도 합니다). 메인 스토리 중간에 둘의 대화 장면이 들어옴으로써 잔혹한 이야기를 고스란히 보여주기보다 조금 멀찍이서 내려다보는 부감 시점을 취하게 됩니다. 그 방식이 이 작품이 던지는 질문에 대해 생각하기 쉬울 것 같았습니다. 잔인하고 싫다며 눈을 피할 게 아니라 '인간은 어떻게 이런 짓을 할까? 나는 어떻게 하고 싶은가?'의 시점으로 작품을 마주하길 바랐습니다.

이렇게 보면 의외로 『타이터스 앤드로니커스』는 졸작이 아닌 어느 시대 어느 나라에서 상연되어도 좋은 걸작이라는 생각이 듭니다.

'만약'을 사용해서
머릿속 캐스팅을 즐기자!

질문을 찾아냈고, 연출의 방향성도 정해졌습니다. 여기서부터 또 엄청나게 재미있는 단계가 기다립니다. 바로 누구에게 어떤 역을 어떤 식으로 연기하게 할까 생각하는 '캐스팅'입니다.

실제로 극장에 상연하는 프로 연출가는 공연 제작의 실무를 조율하는 프로듀서와 상의하여 직업 배우에게 오퍼를 넣습니다. 하지만 지금 우리는 셰익스피어를 더 즐기기 위해 머릿속 연출을 하고 있으니 제한 없는 공상을 펼쳐봅시다.

누구나 인정하는 영웅 역할은 여러분이 존경하는 주변 사람이나 듬직한 선배에게 맡겨도 좋고, 오타니 쇼헤이 선수에게 부탁해도 좋습니다. '그런 이미지가 있는' 사람을 대입해 그 사람의 얼굴과 목소리로 작품을 읽어나가는 게 중요합니다. 악역에는 꼴도 보기 싫은 사람이 제격이겠네요. 꼭 여러분의 인맥을 총동원해보세요. 지금까지 만났던 사람들부터 소설·영화·애니메이션에서 본 캐릭터까지, 전부 여러분 작품의 배우가 될 수 있습니다. 그렇게 머릿속으로 캐스팅을 정하고 그 사람이 작품 속을 거닐고 있는 모습을 상상해봅시다.

여기서 중요한 조언 하나를 드릴게요. 캐스팅을 할 때, 나이와 성별에 얽매이지 마세요. 셰익스피어가 살았던 시대에는 모든 역할을 남자들이 연기했습니다. 줄리엣도, 여왕도, 남성이 연기했어요. 사실 셰익스피어의 캐스팅에서 성별은 사소한 요소입니다. 성별보다 훨씬 더 중요한 것은 한 사람 한 사람이 가진 개성, 인품, 사회적 자질이 그 역할에 맞느냐 하는 것입니다. 즉 '나이와 성별부터 먼저 따져서 캐스팅하지 않는 것'이 중요합니다. 그것만으로 작품의 가능성이 한층 확장됩니다. '저 사람은 꼭 폭군 같아' '저 사람은 아이들을 참 좋아하네' '무엇을 제일 중요하게 여기는 사람일까?' 등의 관점을 떠올리세요. 당신이 파악한 그 사람의 개성과 사람됨으로 캐스팅을 하면 셰익스피어의 세계가 서서히 요동치며 살아 움직이기 시작할 겁니다. 그리고 지금까지와는 전혀 다른 작품의 풍경이 눈앞에 펼쳐질 거예요.

이번에 저는 〈신 타이터스〉를 상연하게 되면서, 이른바 '연극배우'만이 아닌 다른 장르의 사람들을 다양하게 캐스팅하자고 생각했습니다. 앞에서 언급한 10대 소년도 있고 일흔 살 가까운 베테랑도 있습니다. 아이돌도 있고 전통극 배우, 만담가, 오페라 가수도 있습니다. 셰익스피어 작품을 여러 번 연기한 배우도, 처음인 배우도 있습니다. 이렇게 여러 백그라운드를 가진 사람들을 모았습니다. 왜냐하면 『타이터스 앤드로니커스』는 다른 인종, 다른 종교의 사람들이 대립하며 믿고 있는 가치도 전혀 다른 사람들이 충돌하는 작품으로, 바로 거기에 이 작품의 재미가 있다고 생각했기 때문입니다. 대립하는 동시에 섞여들고, 섞이는 듯하면서도 따로따로인 세계. 그것이 우리가 사는 지구 자체이자 셰익스피어가 그리려고 했던 인간의 모습이라고 확신했습니다. 이 연극에 이종(異種) 혼합 캐스팅을 택한 이유입니다.

그럼 주인공 타이터스 앤드로니커스 역으로는 누가 좋을까요? 이 부분은 연출가인 여러분의 의견도 꼭 들어보고 싶은데, 저의 경우 전통극 '노(能)'의 배우가 맡는 게 좋겠다고 판단했습니다. 노는 700년 이상의 역사를 지닌 일본의 가면극으로, 극도로 절제된 몸짓과 목소리를 통해 관객 스스로 여러 상상력을 발휘하게끔 합니다. 일면적인 폭력성을 넘어 다면적인 질문을 던지는 『타이터스 앤드로니커스』 같은 작품에 이런 접근이 더 어울린다고 느꼈습니다.

또한 '노'에는 고대 무사의 충절 같은 전통적 가치관이 짙게 남아 있습니다. 셰익스피어의 시대보다도 훨씬 이전의 고대 로마를 배경으로 한 『타이터스 앤드로니커스』가 이러한 가치와 맞닿는다면, 보는 이는 과거로부터 이어져온 감정의 뿌리를 돌아볼 수 있을지도 모릅니다.

'로마 시대나 고대의 전사들이 지녔던 충성심은 오늘날 단지 전근대적인 유물일까? 아니면 앞으로도 의미 있는 가치일까?'

'전쟁이 끊이지 않는 인류의 역사 속에서 문화를 통해 평화를 모색할 수 있을까?'

과거와 현재를 함께 비춰보며 관객들이 새로운 질문을 품게 되리라 생각했습니다. 어쩌면 셰익스피어 역시 고트족과 로마의 이야기를 통해 자신이 속한 세계와 영국의 정체성에 대해 고민하고자 했던 게 아닐까 합니다.

실제로 훌륭한 노 연기 덕분에 전통극의 아름다운 세계관

뿐만 아니라 인간의 무정함, 슬픔, 서글픔 등 다양한 정서가 연기를 통해 선보이게 되었습니다. 실제 고대 로마에는 이런 전통극이 없었지만, 지금의 노 배우를 그 안에 캐스팅할 수 있다는 점이 연극의 장점입니다. '로마의 타이터스 장군이 만약 『삼국지』의 관우였다면? 만약 인형극 속의 실에 매달린 꼭두각시였다면?' 이런 식으로 '만약'을 잔뜩 사용해서 머릿속 캐스팅을 진행해보세요. 역사에서 '만약'은 허구에 그치지만, 연극에서 '만약'은 현실이 됩니다. 무한한 '만약'이야말로 연극이 지닌 놀라운 힘이고 묘미랍니다.

말에 목소리가 생기는 리허설

캐스팅이 결정되었다면 드디어 실전 연습에 들어갑니다. 이 또한 연출에서 중요한 과정입니다. 배우가 대사를 소리 내 연기하는 것을 보면 '아, 이 대사에 이런 의미가 있었구나!' '이 작품이 이런 힘을 갖고 있구나!' 같은 발견이 매번 나타납니다. 그러므로 캐스팅이 정해지면 그 배우가 실제로 호흡하며 말하는 모습에 귀를 기울여보세요.

예를 들어 글만 읽고서는 느낌이 딱 오지 않더라도, 만약 타이터스 장군을 배우 양조위가 맡아 "축하하오, 로마. 상복을 두른 승리의 도시여!"라고 외친다면 어떠세요? 그 말은 더 이상 수백 년 전 적힌 활자에 그치지 않고 깊은 감정과 설득력으로 살아 숨 쉴 거예요.

가능하면 한 손에 책을 들고 '낭독의 시간'에서 했던 것처럼 직접 읊어보세요. 호흡을 챙기며 글을 목소리로 옮기다 보면 점점 가슴이 두근거립니다. 말에 숨결이 실려 리듬이 생기고 인간의 고동 소리가 들리기 시작하면 다 된 거나 마찬가지입니다. '왜 여기서 사람을 죽인 거야?' '왜 그런 짓을 한 거야!' 이런 식으로 작품 속의 감정에 생각보다 깊이 빠져들 거예요. 그곳에 나란히 서 있는 듯한 감각이 되지요.

리듬을 타다 보면 시간도 빨리 흐릅니다. 셰익스피어의 작품 세계에서는 중대한 사건이 연달아 일어나거든요. 우리가 살고 있는 일상생활과는 다른 시간 감각으로 이야기 속 세계가 움직인다는 걸 알게 되지요.

이렇게 작품 세계에 본인이 들어와 있는 상태에서 대사를 말하는 등장인물들을 구체적으로 상상해보세요. 그곳이 단지 연극 무대가 아니라 우리가 사는 세계와 별반 차이가 없다는 생각이 들게 될 거예요.

어떤 '장소'가 어울릴까?

등장인물들이 활기차게 움직이기 시작했습니다. 자, 그럼 다음은 '장소' 선정입니다. 이 작품은 어떤 장소에서 공연하면 좋을까요?

물론 셰익스피어가 "로마" "로마 근교의 숲"같이 장소를 써놓기도 했습니다. 그러니 실제 로마 거리를 무대 세트로 만들어 공연하는 게 첫 번째 방법일 수 있겠네요. 하지만 이렇게 생각해봐도 좋을 것 같습니다.

'만약 이 인물들이 살아 돌아다닌다면 어떤 장소가 가장 어울릴까?'

가장 어울리는 곳으로 딱 한 장소만 골라봅시다.

셰익스피어의 작품에서는 장면 전환이 여러 번 있고 무대가 바뀌기도 합니다. 극장이라는 제한된 공간에서 그것을 전부 구현하기란 물리적으로 쉽지 않습니다. 그래서 『타이터스 앤드로니커스』를 예로 들면 무대를 '전쟁터'로만 한정해보거나, 어디가 가장 중요한 장면일지 고민해봐야 합니다. 저의 경우는 이렇게 생각했습니다.

『타이터스 앤드로니커스』를 좁은 공간에서 보면 쏟아지는 인간 군상의 생생함에 압도되어 잔혹함에만 시선이 갑니다. 머리로 무엇을 생각하기도 전에 고통에 온통 신경이 쏠리고 말지요. 그래서 스케일을 더 넓혀보는 건 어떨까 싶었어요. 이 작품에 담긴, 자식을 잃은 부모의 슬픔은 헤아릴 수 없습니다. 그것을 그대로 슬픔으로만 그리기보다 장대한 스케일 속에서 운명과 대치하는 인간이 최선을 다해 살아가는 모습, 거대한 부조리 앞에 인간 한 사람 한 사람이 마주 서는 구조를 그려보자 생각했습니다. 그 정도로 규모를 키워 인간의 존재를 상대화 해보는 것입니다. 물론, 이 작품은 전쟁 이야기이기도 하니 넓은 공간이 주는 스펙터클한 감각도 필요합니다.

그때 든 생각이 '극장에서는 공연하지 말자'였습니다. 보통은 극장에서 공연되지만, 이 작품을 극장에서 하면 보는 사람들이 자기 일처럼 느끼지 않고 연극 속 이야기겠거니 하고 말 것 같았어요. 셰익스피어는 자신의 작품을 '글로브 극장'에서 공연했는데, 이곳은 천장이 뚫린 야외극장 같은 분위기였습니다. 그가 살던 시대의 극장이 그랬던 것처럼 밖으로 열려 있으면서 세상과 이어진 장소에서 이 작품을 하자, 그렇게 하면 작품에 그려진 전쟁이 단지 소설이 아니라 우리와도 상관있는 이야기라고 실감할 수 있지 않을까 싶었습니다.

처음에 상상했던 장소는 성경에 나오는 '노아의 방주' 혹은 우주선 같은 장소였습니다. 인류가 핵전쟁 같은 어리석은 싸움을 반복하여 더 이상 지구상에 살 수 없게 된다. 다른 행성으로 탈출하고자 우주선에 올라탄 인류의 생존자들이 꽉 들어찬 가운데 '우리는 왜 지구를 멸망시키고 말았을까?'를 다

글로브 극장의 복원 모습. 1599년에 처음 개관하여 셰익스피어를 비롯한 당대 유명 극작가들의 작품을 상연했습니다.

같이 돌아보자는 반성의 목소리가 모인다. 다음 행성으로 이동하기까지 아직 시간이 남아 있다. 비참한 과오를 반복하지 않기 위해 그들은 한 편의 연극을 보기로 한다. 그 작품은 바로 『타이터스 앤드로니커스』— 이러한 설정을 상상해본 것이지요(실제로 선박이나 우주선에서 공연하고 싶었지만 예산과 기타 사정 때문에 이루지 못했습니다……).

꼭 노아의 방주가 아니더라도 이런 생각 역시 가능합니다. 전쟁이나 재해가 일어나면 우리는 창고, 체육관 같은 장소로 피난합니다. 그곳에 모인 사람들은 여러 생각을 할 겁니다. '이 난리통이 왜 일어난 걸까' '상황이 빨리 좀 끝날 수 없을까' '너무 슬프다'…….

저는 최종적으로 이 연극의 장소를 창고로 정했습니다. 도쿄 근교 사이타마현 가와구치시에 있는, 원래는 공장이었던 장소를 빌렸지요. 이벤트 공간으로 대여되고 있지만 실제로 기계들이 놓여 있던 공장 건물 그대로였습니다. 낙후된 멋이 있고 낡은 파이프와 형광등도 고스란히 남아 있었습니다. 그것을 굳이 숨기지 않고 드러내어 이곳이 창고라는 사실이 한눈에 보이도록 했습니다. 관객들 또한 이 장소로 다 같이 피난 왔다는 분위기를 내기 위해 파란 방수천을 곳곳에 깔고 한가운데 있는 무대를 에워싸듯 객석을 배치했습니다.

객석에서는 대형트럭도 들어설 크기의 거대한 출입구가 바로 보입니다. 그 문을 열면 창고 주변으로 우거진 녹음(綠陰)이 펼쳐집니다. 바깥의 현실 세계와 창고 안의 이야기 세계가 출입구라는 커다란 문을 통해 이어져 있는 '거대 타임터널' 같은 장소입니다. 거기서부터 『타이터스 앤드로니커스』 이야기가 시작됩니다.

하지만 창고 안을 연극 공간이자 허구 세계로 만들기 위해서는 장치가 더 필요합니다. 앞에서 소년과 남자의 대화로 이야기가 전개된다고 했는데, 작품 인트로에 그 소년이 눈을 지그시 감고 들려오는 소리에 귀를 기울인다는 연출을 더했습니다. 관객들도 함께 눈을 감고서 귀를 기울이도록 했지요. 다들 창고로 피난을 왔다. 이제부터 대체 어떻게 되는 걸까……. 입구를 닫아 밀실이 된 창고 안에서 관객과 소년이 함께 상상에 빠지는 시간을 만든 다음에 이야기를 시작하기로 했습니다.

눈을 뜨면, 닫혀 있던 거대한 문(=출입구)이 열리고 망자로 분장한 배우들이 우르르 밀려들어옵니다. 이들은 모두 죽은 자의 혼을 위로하는 춤을 춥니다. 주인공 타이터스를 연기하는 배우는 전통극 '노'의 연기자입니다. 노에서는 꿈속에 망자가 나타나 춤을 춥니다. 그런 전통적인 사생관을 바탕으로 신시사이저 음악을 믹스해, 이제부터 시작될 너무나도 비참하면서 죽음의 기운이 짙게 감도는 이야기를 일부러 화려하게 열었습니다. 보는 이들은 상상력을 풀가동해서 셰익스피어의 세계로 빠져들게 됩니다.

상상을 초월하는 세계를 목격한 뒤, 이야기는 막을 내립니다. 그리고 마지막으로 한 번 더 문이 열립니다. 그 너머에 있는 건, 이전과 다름없는 현실 세계입니다. 하지만 처음에 지나친 풍경과 어쩐지 달리 보일지도 모릅니다. 무엇이 달라졌는지 그 순간엔 잘 모르겠지만, 연극을 보기 전과 후 왠지 세상이 다르게 느껴지는 비일상적인 체험이 되었으면 좋겠다고 생각했습니다.

창고에서 상연된 〈신 타이터스〉 (촬영: 이케다 마사노리)

나와는 관계없는 이야기가 아니라 마치 내 일처럼 여겨지는 것. 비일상 속에서 오히려 강렬하게 현실을 느끼는 것. 그 경험을 위해 창고라는 장소가 필요했던 것입니다.

여기까지 『타이터스 앤드로니커스』를 중심으로 희곡 작품을 선정하고 실제로 상연하는 과정을 살펴봤습니다. 이처럼 '작품을 어떤 상황(Situation)에 놓으면 다양한 질문을 끌어내고 공감을 불러일으킬 수 있을까?'의 관점으로 장소를 생각하면 셰익스피어의 극이 무척 친근하게 느껴질 거예요.

로마가 무대라고 해서 로마 세트를 만들면 로마 이상으로 이야기가 더 나아가지 못합니다. 어느 시대든 관련 있는 인간의 모습과 세상의 구조를 의식한다면, 차라리 아무것도 없는 공간에서 관객의 상상에 맡기거나 아예 다른 장소를 부여하는 편이 더 재밌을 수 있습니다. 부디 극장에 한정되지 말고 '이 연극은 어디서 하면 재미있을까?'라는 안테나를 세워 여러분 주변의 장소들을 둘러보세요.

'폐업한 호텔도 괜찮겠다' '저 운동장 좋은데?' '오피스 빌딩가에서 해도 괜찮지 않을까?' '편의점도 좋고 레스토랑도 좋고 집 거실도 좋겠어' 등등. 온갖 장소에 가능성이 생깁니다.

"이 세상 전부가 하나의 무대"라는 셰익스피어의 말대로, 우리가 머무는 장소 전부가 극장입니다. 셰익스피어는 반드시 어때야만 한다 같은 건 존재하지 않는답니다.

"이 세상 전부가 하나의 무대"

━━━━━

사실 제가 『타이터스 앤드로니커스』를 처음 연출했을 때는 제목을 〈의리 없는 타이터스 앤드로니커스〉로 붙이고 '목이랑 손 내놔, 이 자식아!' 같은 느낌의 야쿠자 항쟁처럼 그려냈습니다. 이런 식으로 공연할 때마다 무대 설정을 바꾸기도 합니다.

『리어왕』은 세 번 연출했는데, 매번 무대 설정을 바꿨습니다. 첫 번째는 '무대 전체에 흙을 깐 황야', 두 번째는 '노인이 가족들과 함께 있는 병원'입니다. 병실에 누운 리어왕의 공상 속에 이야기가 전개되는 설정이었습니다. 세 번째는 '200년 후의 도쿄'가 무대였습니다. 황폐해진 도시, 콜라 한 캔이 몇 억 원, 그걸 마시려고 사람들이 몰려드는 세계입니다. 핵전쟁 후의 디스토피아 도쿄가 배경인 만화 『AKIRA』를 떠올렸습니다. 이런 세상에 절망하여 정처 없이 떠도는 노인 리어왕을 그려보고 싶었습니다.

또 『맥베스』는 어떤 배우 부부가 연기한 적이 있는데, 그때는 '침실' 세트를 무대로 했습니다. 아이 둘과 정신없는 나날을 보내고 있던 두 분이 한번은 자신들의 연기를 자녀에게 보여주고 싶다고 말씀하시는 겁니다. 부모가 아이들과 차분히 지낼 수 있는 최고의 공간이 어딘가 생각했을 때, 침실이라는 답이 나왔습니다. 자기 전에 책을 읽어주는 등 침실에서의 시간은 아이들 입장에서도 부모님과 함께 보내는 즐거운 한때입니다. 더구나 침실은 부부 두 사람의 개인적인 공간이기도 하니 『맥베스』 중에서도 부부 이야기에 초점을 맞출 수 있다고 생각했어요.

『햄릿』을 연출했을 때는 극장 공연이긴 했지만 '시부야의 스크램블 교차로'에서 이야기가 전개되는 설정을 했습니다. 주인공 햄릿은 모든 현대인이 이입할 수 있는 인물입니다. 혼자 생각이 많고, 살까 말까 고민합니다. '우리네 모습과 똑같다? 그렇다면 고뇌하는 젊은이들이 수없이 오가는 시부야 교차로를 무대로 하자!'는 아이디어가 떠올랐던 거예요.

후드를 뒤집어쓴 햄릿, 이어폰을 꽂은 햄릿. 누구나 고독한 햄릿입니다. 스크램블 교차로를 무대로 하면 청년들의 외로움과 사회적 폐해가 선명하게 떠오를 거라고 생각했습니다. 『햄릿』에는 덴마크의 엘시노어 성이란 곳이 나오는데, 시부야 도겐자카 언덕길에 마침 호텔 거리도 있고 하니 '엘시노어'라는 수상한 호텔에서 망령을 만난다는 설정도 지어봤습니다.

『헨리 6세』 『리처드 3세』 같은 역사극에서는 장미 전쟁이라는 영국의 내전이 그려지는데, 붉은 장미의 랭커스터 가문과 흰 장미의 요크 가문이 대결하는 '운동회' 설정으로 해버렸습니다. 전쟁도 아주아주 먼 거리에서 보면 그럴 수 있지 않을까? 운동회와 크게 다를 게 없지 않을까? 그런 의미를 담아 홍팀과 백팀 체육복을 입혀 경기를 벌이게 했지요.

영화 분야에서 구로사와 아키라 감독은 『맥베스』와 『리어왕』의 배경을 일본 전국시대로 바꿔 〈거미집의 성〉과 〈란〉을 만들었고, 바즈 루어만 감독은 『로미오와 줄리엣』의 무대를 갱의 항쟁터로, 디즈니 애니메이션 〈라이온 킹〉은 『햄릿』의 무대를 사바나 초원으로 바꿨습니다.

자신이 살아온 인생과 셰익스피어가 교차하는 장소에 새로운 세계가 나타납니다. 그것이 가장 재미있는 포인트이며, 오직 당신밖에 할 수 없는 '연출'입니다. '이래야만 한다'는 고정관념이 아닌 '이러면 재밌겠다'고 느껴지는 부분을 시작으로 꼭 연출가 데뷔를 해보세요!

이제 당신 차례입니다!

 이번 '연출의 시간' 마지막에는 여러분에게 연출을 맡길게요. 희곡은 『맥베스』입니다. 4대 비극 중 하나로, 전 세계에서 상연되는 대인기 작품이지요. 이야기 마지막에 '움직이는 버넘 숲'이라는 유명한 장면이 있습니다. 그 부분의 연출을 같이 생각해보지요.

 무대는 스코틀랜드입니다. 셰익스피어 본인도 가본 적이 없으니 머릿속에 그려지는 스코틀랜드면 됩니다. 상상해보세요. 대지는 거칠고 장엄합니다. 혹독한 자연이 펼쳐져 있습니다. 험악한 기슭에 황야와 습지대가 뻗어 있고 안개가 자욱합니다. 짙은 안개 속으로 드문드문 드러나는 중세의 성과 폐허에서 역사와 전설이 느껴집니다. 당신은 무성한 숲에 둘러싸여 있습니다. 울적한 분위기가 감돕니다. 날씨는 변덕스럽고 안개로 시야는 흐릿합니다. 비가 쏟아지기 시작하더니 쾅! 번개가 내리칩니다. 홀연히 세 마녀가 등장합니다. 그리고 맥베스에게 이렇게 말합니다.

 "자네는 쭉쭉 출세해서 결국 왕이 될 게야."

맥베스는 반신반의했지만, 맥베스 부인이 "지금의 왕을 죽이고 그 자리에 오르세요"라고 부추기자 야심에 불이 붙습니다. 맥베스 부인은 야망이 매우 커서 냉혹한 계획을 세웁니다. "지금이 기회예요"라고 속삭이며 맥베스를 독려합니다. 맥베스도 처음에는 주저하지만, 부인의 강한 설득과 내면에 있던 욕망에 이끌려 마침내 결심을 굳히고 왕을 죽이고 맙니다!

맥베스는 왕좌를 손에 넣습니다. 그러나 이것이 그의 마음에 영원한 불안과 죄책감을 가져다줬습니다. 맥베스의 내면은 점차 무너지기 시작했고, 통치는 점점 폭력적이며 잔혹해졌습니다. 그의 지배에 맞서는 반대 세력도 늘었고, 예전의 동지들도 그에게 반기를 들었습니다. 맥베스는 차례차례 음모와 배신을 겪으며 자신의 행동이 일으킨 혼란에 삼켜져 갑니다.

불안의 구렁텅이에 빠져 있던 맥베스 앞에 마녀가 다시 나타나 이런 말을 합니다.

"버넘 숲이 자네의 성을 향해 움직이기 전까지, 자네는 계속 평안할 것이네."

숲이 움직여서 성으로 다가온다? 여러분, 그런 걸 본 적이 있나요? 말이 안 되는 이야기지요. 맥베스도 그렇게 생각했습니다. 그런 일이 있을 리 없다, 그러니 난 괜찮을 거야 하면서 기뻐하지요.

안심한 맥베스는 점점 거만해졌고, 한편 맥베스 부인은 죄책감에 짓눌려 정신적으로 피폐해집니다. 그러던 중에 부하 전령이 달려와 맥베스에게 믿기 힘든 사실을 고합니다.

전령	언덕 위에서 보초를 서고 있었습니다. 버넘 숲 쪽을 봤더니, 갑자기 그게, 아무래도, 숲이 움직이기 시작했습니다.
맥베스	거짓말 마라, 네 이놈!
전령	노하실 건 각오하고 있습니다. 거짓이 아닙니다. 보시면 아실 겁니다. 3마일 앞까지 다가와 있습니다. 정말, 움직이는 숲입니다.

『맥베스』 제5막 제5장

 이게 웬일인가요. 움직일 리 없는 숲이 움직인 것입니다! 실제로는 나뭇가지로 위장한 적들이 점점 접근해왔고, 그 모습이 마치 움직이는 숲처럼 보였던 것입니다. 하지만 예언대로 '숲이 움직인' 이상, 나락으로 굴러떨어질 그의 운명은 피할 수 없게 되었습니다. 그의 야망이 자기 자신과 주변 사람 모두를 파괴의 길로 이끌었던 것입니다.

 자, 그럼 여기부터는 당신이 『맥베스』의 연출가입니다. 셰익스피어의 대사를 곱씹어보고, 캐릭터에 숨을 불어넣고, 무대 위 공간을 디자인해주세요.

맥베스 역은 누구를 캐스팅 할까요?
이 작품에 어울릴 만한 장소가 있나요?
그리고 '숲이 움직인다'란 무엇을 뜻할까요?
이 장면을 어떻게 연출하면 좋을까요?

예전에 제가 『맥베스』를 연출했을 때는, 작품 서두에 나오는 "깨끗한 것은 더럽고, 더러운 것은 깨끗하다"라는 대사에 초점을 맞추어 '좋은 건지 나쁜 건지 알 수 없는' 세계를 그려보았습니다. 당시는 동일본 대지진이 발생한 지 얼마 되지 않은 무렵이었습니다. 숲이 움직이는 장면에 파이프 의자를 줄지어 세워두고 쓰나미의 이미지를 묘사했습니다.

맥베스는 숲이 움직인다는 건 '있을 수 없는 일'이라고 생각했지요. 대지진 보도에서 "예상치 못한"이라는 말이 자주 나왔듯 우리도 원전 사고나 거대 해일이 현실이 되리라고는 생각하지 않았습니다. 하지만 그 일은 실제로 일어났습니다. 마음 한 구석에서는 '혹시 일어날지도 몰라'라는 생각을 어렴풋이 하면서도 공포심에 애써 눈을 돌리고 있었는지도 모릅니다. 그런 의미까지 포함해 '버넘 숲' 장면에 동일본 대지진의 이미지를 덧씌워서 인간의 어리석음을 그리고자 했습니다.

여담이지만, 공연 당시 맥베스 부인의 대사 속에 락밴드 '미스터 칠드런'의 노래 가사를 살짝 숨겨 넣었습니다. 유명한 곡도 아니고 흐름 속에서 나올 법한 대사라, 아무도 가사라고 생각하지 않았을 텐데요. 그 순간에 일부러 그 곡이 흘러나오는 연출을 했습니다. 셰익스피어라고 하면 흔히들 고상하고 과분한 것으로 여겨 '액자' 속에 박제해두려는 경향이 있습니다. 그러지 말고 현재를 살아가는 사람들이 작품을 친근한 히트송처럼 느껴주었으면 했습니다. 무엇이 좋고 무엇이 나쁜지 머리로 판단하기보다 마음으로 느끼길 바라며 음악을 써서 놀아본 것이지요.

이처럼 연출가는 다양한 방법으로 자신의 상상을 구사하고 놀 수가 있습니다. 『맥베스』라면 앞서 봤듯 부부의 침실도 가능하고, 선거유세차 안, 직장인들이 일하는 회사 사무실, 학교 교실, 유흥가, 현대의 전쟁터, 혹은 폭군의 은신처, 미래 도시, 구석기 시대의 호수, 아득한 은하 저편의 행성 등등 인간이 있을 법한 곳이면 어디든, 인간이 존재하는 게 '말이 안 되는' 곳이라도 어디든 OK입니다.

다음으로, 여러분이 설정한 그 세계에서 '숲이 움직인다'는 건 무슨 의미일까요. 부부 침실에서 장난감을 마구 내던지는 활달한 아이? 선거 운동이 한창인데 불쑥 터져 나온 스캔들? 아니면 회사 주가가 대폭락했다는 뉴스? 운동도 잘하고 공부도 잘하는 전학생의 등장? 정전이 일어난 유흥가를 촛불을 켜고 거니는 남녀노소? AI 로봇 병기의 반란? 행성에서 미지의 생명체에게 스마트폰 카메라를 들이대는 유튜버?

'숲이 움직인다'란 예측 불가능하면서도 극적인 변화를 뜻합니다. '만약, 말이 안 되는 일이 일어난다면?' 하고 생각해보는 것은 우리에게 무한한 상상력과 창조성을 안겨주지요. 각 설정으로 이야기를 전개하면 저마다 다른 의미와 해석이 생겨납니다.

지금 우리가 사는 지구도 전 세계 곳곳에서 '숲이 움직이고' 있습니다. 그 변화가 과연 '좋은 건지 나쁜 건지 알 수 없지만'

숲의 움직임 자체를 흥미롭게 지켜보면서 상상력을 부풀려보세요. 그 순간 유일무이한 연출이 탄생합니다.

  이제 여러분만의 연출을 시작하세요!

제5막

타임머신의 시간

ACT 5

TIME for TIME TRAVEL

©Image courtesy of The Metropolitan Museum of Art, Public Domain. Title: "To you I give myself, for I am yours" (Shakespeare, As You Like It, Act 5, Scene 4), Engraver: Peter Simon, Date: 1792, Object Number: 1976.653.84

좋고 나쁨을 알 수 없는 시대

━━━

 우리의 마지막 시간은 과거로 가는 여행, 다시 말해 '역사' 이야기입니다. 연도나 지식을 외우자는 건 아닙니다. 셰익스피어는 어떤 시대에 살았고 어떤 생각을 했을까? 실제 사건을 어떻게 작품에 담아냈을까? 이런 것을 살짝이라도 알면 셰익스피어라는 사람과 작품이 급속도로 재미있어집니다. 그래서 학교 수업처럼 순서대로 역사를 설명하는 게 아니라 포인트를 추려 여러분과 타임머신을 타고 가벼운 시간여행을 떠나보려 합니다.

 지금까지 이 책에 등장한 햄릿, 맥베스, 리어왕, 로미오, 줄리엣 등 여러 인물은 모두 셰익스피어가 창조해낸 캐릭터입니다. 리처드 3세, 헨리 6세 같은 실존 인물도 있지만 희곡 안에 살아 숨 쉬며 우리를 매료시킨 요소는 셰익스피어가 만들어낸 가공의 부분입니다. 이 중 정말로 실존했던 건 단 한 사람, 셰익스피어입니다. 실재했던 한 명의 인물이 지금 우리에게까지도 영향을 미치는 매력적인 가상의 캐릭터들을 창조한 것입니다.

그럼 셰익스피어 본인은 대체 얼마나 재미있는 사람이었는가? 이 점을 살펴보려고 합니다. 재미있는 이야기를 쓴 사람은 인생에 사연이 많고 다사다난하지요. 그도 그럴 게 셰익스피어가 살았던 시대는 번영과 혼란이 혼재하는 세계사적인 '대전환의 시기'였습니다. 정치, 경제, 종교, 그리고 사람들의 생활상이 새로운 규칙으로 옮겨갔던, 그야말로 다음 시대로 향하는 위대한 과도기였지요. 이 시대를 단적으로 나타내는 말이 있습니다.

> 깨끗한 것은 더럽고, 더러운 것은 깨끗하다.
> 날아가자, 혼탁한 공기와 안개 속을.
> Fair is foul, foul is fair,
> Hover through the fog and filthy air.
>
> 『맥베스』 제1막 제1장

이 책에서도 여러 번 등장했던 『맥베스』 속 마녀의 대사입니다. 무엇이 Fair(페어)=깨끗하고/아름답고/좋고, 무엇이 Foul(파울)=더럽고/추하고/나쁜지가 시시각각 바뀝니다. 방금까지 나빴던 것이 다음 순간에는 좋은 것이 되는, 도통 알기 힘든 혼란스러운 세상. 눈앞이 보이지 않는데 그곳으로 뛰어드는 것 말고는 살아남을 방법이 없습니다.

『맥베스』의 첫머리에서 3인의 마녀가 입을 모아 외치는 이 말에 셰익스피어가 살았던 시대가 완벽하게 표현되어 있습니다. 그런 말이 현실성을 가질 만큼, 당시의 세상은 혼란스러웠던 것이지요.

하지만 이 '무엇이 옳고 그른지 알 수 없는 세계'는 비단 당시에만 한정되는 이야기는 아닙니다. 우리가 살고 있는 시대도 마찬가지입니다. 제2차 세계대전 후의 20세기에는 그때까지 옳다고 여겼던 가치관이 180도 달라졌고, 최근에도 코로나바이러스로 인한 팬데믹 때 무엇을 믿어야 할지 몰라 전 세계 사람들이 혼란에 빠졌습니다.

기존의 룰이 새로운 룰로 변화하려 할 때, 세상에는 옳은 것과 그른 것이 복잡하게 뒤엉키며 혼재하게 됩니다. 어느 순간의 정의가 다음 순간에는 부정이 됩니다. 방금까지 틀렸던 일이 이번에는 칭찬받는 대상이 되지요. '한 치 앞도 내다볼 수 없다.' 이것이야말로 이 세상의 본질입니다.

배가 세상을 하나로 만든 시대

셰익스피어의 출생과 사망년도를 기억하시나요? 맞아요, 1564~1616년입니다. 이 무렵의 동아시아를 살펴보면 일본에서는 도요토미 히데요시가 전국을 통일하고 조선을 침략해 임진왜란(1592~1598년)을 일으켰습니다. 뒤이어 등장한 도쿠가와 이에야스는 에도 막부를 열고 셰익스피어와 같은 해에 세상을 떠났습니다. 한국은 선조에서 광해군으로 이어지는 조선 중기였으며, 중국은 명나라가 쇠퇴하고 훗날 청나라의 전신인 후금이 세워졌습니다. 이 시기 영국에서 셰익스피어는 극작가로서 다양한 연극을 쓰고 있었던 것이지요.

셰익스피어의 시대와 현대의 우리 생활에서 가장 다른 건 무엇일까요? 많이 있겠지만, 한 가지 큰 차이를 꼽자면 '기계가 없다'는 점입니다. 산업혁명이 일어나기 전으로, 사람들이 손과 발을 열심히 쓰면서 살던 시대입니다. 자동차도 전철도 버스도 없으니 누군가를 만나고 싶으면 달려가거나 말에 올라타야 했습니다. 누군가와 싸우려면 한 손에 무기를 들고 나갔습니다. 지금처럼 드론이나 로봇을 원격조작해 전쟁을 벌이는 일은 생각할 수도 없었지요.

또한 당시는 '대항해 시대'라 불리는 시대였습니다. 유럽인들이 인도로 가는 항로를 개척하고 신대륙을 발견하는 등 세계가 일체화되던 시대입니다. 스페인 선박 빅토리아호가 인류 최초로 세계일주에 성공하여 지구가 둥글다는 사실을 알아냈습니다. 어디까지나 유럽 시점이긴 하지만, 바다를 통해 세계가 연결되었던 것이지요.

세계가 이렇게 넓다는 사실을 깨달은 유럽의 나라들끼리는 패권 다툼을 시작했습니다. 셰익스피어가 살고 있던 영국도 스페인과 걸핏하면 전쟁이었어요. 커다란 한 번의 대전이라기보다 오랜 세월에 걸쳐 여러 번 잘금잘금 벌어진 전쟁이었습니다. 이를 '잉글랜드-스페인 전쟁'(1585~1604년)이라고 합니다. 스페인은 당대 세계 최강의 해군인 무적함대를 보유하고 있었습니다. 종교로도, 상업적인 관점으로도 대립 관계에 있던 영국과 스페인은 수 차례 전투를 벌였습니다.

이 시대를 상징하는 것 중 하나가 '배'입니다. 사람들은 배를 타고 미지의 땅으로 이동했고, 문화를 넘어 장사를 하고, 전쟁을 했습니다. 새로운 땅을 얻어 성공한 자, 무역으로 돈 방석에 앉는 자가 생겼습니다. 이동으로 인해 원주민들과의 언쟁과 학살이 일어났습니다. 전쟁으로 목숨을 잃는 사람들, 난파를 당한 이산가족이 생겨났습니다.

이렇게 배에 얽힌 인간 드라마는 『베니스의 상인』 『템페스트』를 필두로 『실수 연발』 『십이야』 『페리클리스』 등 셰익스피어 작품의 다양한 곳에서 얼굴을 내밉니다.

> 네 마음은 드넓은 바다 위에 흔들리고 있어.
> 지금 너의 상선이 당당히 돛을 부풀리고
> 밀물에 올라탄 귀족이나 대부호처럼,
> 혹은 바다를 가로지르는 행렬처럼
> 나아가고 있으니.
>
> 『베니스의 상인』 제1막 제1장

    인간의 끝없는 개척 정신은 어느 시대에도 변치 않으며, 인구가 늘면 새로운 땅을 둘러싸고 새로운 다툼이 일어납니다. 서로 먼저 우주를 차지하려 로켓을 쏘아 올리는 인류의 지금 모습도 그렇지요. 셰익스피어가 살아 있었다면 배에서 로켓으로 눈을 돌려 우주 사업, 인류의 이주, 군수 산업에 관한 대작 드라마를 썼을 수도 있겠네요. 하지만 그 작품 역시 과학 기술의 첨단성 같은 것보다도 인간의 흥미로운 점, 훌륭함, 어리석음, 가련함이 두드러졌을 거예요.

셰익스피어, 탄생

셰익스피어가 태어난 날은 1564년 4월 23일 수요일입니다. 태어난 곳은 영국의 스트랫퍼드어폰에이번이라고 하는, 런던에서 조금 떨어진 시골 마을입니다.

당시에는 신생아 사망률이 높아 다섯 명 중 한 명이 생후 1개월 안에 숨을 거두었다고 합니다. 평균 수명도 30~40세 정도에 불과했어요. 몸이 튼튼하든 집안이 유복하든, 아무튼지 인생을 건강하게 마치는 데만도 온갖 고난이 기다리는 시대였습니다.

> 우리는 울면서 여기에 왔다.
> 알고 있지?
> 태어나 처음 공기를 마시면 엉엉 울잖니.
> 좋은 걸 알려줄게, 잘 들어라.
>
> (생략)

> 태어나서 우는 건 말이지,
> 이 거대한 바보들의 무대로
> 끌려 나온 게 슬프기 때문이야.
>
> 『리어왕』 제4막 제6장

　인간은 왜 응애 하고 '울면서' 태어나는 걸까요. 리어왕이 막내딸 코델리어에게 하는 말에는 깊은 함축이 있습니다. 지금 읽어도 생각하게 만드는 명대사인데, 당시 상황을 생각하면 산다는 것의 가혹함이 더더욱 엿보입니다.

　하지만 스트랫퍼드에서 태어난 아기 셰익스피어는 그런 걸 알 길이 없지요. 스트랫퍼드는 숲이 무성하고 양을 치는 목장과 농장이 많아 잉글랜드 느낌이 물씬 풍기는 지역이었습니다. 여러분도 꼭 스트랫퍼드에 가보세요. 지금은 셰익스피어가 태어난 마을로 알려져 관광객들로 붐비고 있습니다. 저도 예전에 알록달록 애벌레처럼 생긴 기차를 타고 덜컹거리며 그곳에 향했던 기억이 납니다. 강이 흐르고 있고, 정말 한적하고 아름다운 마을이었어요.

　그렇지만 한적한 모습이 자연의 전부는 아닙니다. 두 얼굴이 있지요. 전기가 없었던 점을 생각하면 숲이란 곳은 야생 중의 야생입니다. 자연이 가득한 장소인 한편 무법자와 부랑자가 숨어 살고 저항 세력이 반역을 꾀하는 장소이기도 했습니다. 셰익스피어 작품에는 종종 숲이 등장합니다. 풍부한 자연이 주는 아름다움과 야성적이고 위험한 분위기가 주는 무서움, 이 두 가지 이미지를 떠올리며 읽어보세요.

셰익스피어는 스트랫퍼드에서 태어나 성인이 되어 런던으로 상경했고, 극작가로 활약해 대성공을 거둡니다. 시골 출신으로 출세한 남자라고도 할 수 있겠네요. 아버지는 존 셰익스피어입니다. 사업가이며 마을 읍장을 맡을 만큼 실력가였습니다. 어머니는 메리 아덴. 유복한 농가의 막내딸입니다. 복 받은 일가였습니다.

셰익스피어는 어릴 때부터 마을의 문법학교(Grammar School)에 다니며 라틴어, 웅변술, 수사학 등 말에 관한 다양한 공부를 했습니다. 고전문학을 암송하고 영국의 역사를 배우는 데 매진했습니다. 하지만 대학 진학은 하지 못했습니다. 13세 무렵 아버지의 사업 실패로 가세가 점점 기울었기 때문입니다.

대학에는 갈 수 없었으나 문법학교에서 공부해서인지, 이후로도 독학을 계속해서인지, 셰익스피어 작품에 사용된 어휘 수는 엄청나게 방대합니다. 어휘의 풍부함은 셰익스피어의 문학적 재능 중 하나라고들 하는데, 어떻게 그렇게 많은 단어를 익혔는지는 연구자들 사이에도 수수께끼로 남아 있습니다. 책을 많이 읽거나 흥미로운 사람들을 만나거나 혹은 일을 해나가는 동안에 쓸 만한 지식과 말들을 점점 터득했을지도 모르지요.

장미 전쟁은 스타워즈!?

셰익스피어는 역사 드라마에도 지대한 관심이 있었던 모양입니다. 그의 작품 중에서 '역사극'이라 불리는 장르는 영국이나 로마의 실제 역사를 소재로 한 묵직한 작품군입니다.

특히 셰익스피어는 자신이 태어나기 100년쯤 전, 잉글랜드 왕위 계승을 둘러싸고 벌어진 내란을 그렸습니다. 바로 '장미 전쟁'(1455~1487년)입니다.

장미 전쟁은 영국의 역사를 바꿔놓을 정도로 치열했던 내전입니다. '누가 영국의 왕이 될 것인가?' 왕관을 놓고 귀족들의 싸움이 계속되었지요. 장미 전쟁이란 이름이 왠지 어렵게 들릴 수 있으니, 여기선 〈스타워즈〉처럼 "로즈워즈"라고 불러볼게요 (참고로 실제 명칭은 Wars of the Roses입니다).

싸움의 주인공은 랭커스터 가문과 요크 가문입니다. 두 유력 가문이 민중들까지 끌어들여 30년 동안이나 혈전을 벌였습니다. 그런데 왜 '장미'일까요? 이는 랭커스터 가문과 요크 가문의 휘장(마크)에서 유래합니다. 랭커스터 가문의 휘장은 붉은 장미, 요크 가문의 휘장은 흰 장미였거든요. 마치 영화 〈스타워즈〉에서 제다이(라이트 사이드)와 시스(다크 사이드)가 벌이는 우주 전쟁 같은 양상입니다. 셰익스피어는 로즈워즈=장미 전쟁을 『헨리 6세』『리처드 3세』에 그렸습니다. 꼭 연속으로 읽어 주셨으면 하는 스펙터클한 드라마예요.

로즈워즈는 어떻게 결판이 났을까요? 랭커스터 가문의 리치먼드 백작 '헨리'가 요크 가문의 악당 '리처드 3세'를 베어 죽임으로써 붉은 장미가 승리합니다. 붉은 장미와 흰 장미를 통합한 헨리는 헨리 7세에 오르고 '튜더 왕조'가 탄생합니다('○○ 왕조'는 '○○정권'처럼 그 시기에 권력을 가졌던 가문이나 인물을 나타냅니다. 튜더 왕조라고 하면 튜더 가문이 잉글랜드를 통치했던 시대라는 뜻입니다).

셰익스피어가 태어난 것은 로즈워즈로부터 약 80년 후, 이 튜더 왕조의 마지막 지배자인 엘리자베스 여왕이 다스리는 시대였습니다. 엘리자베스 여왕은 자손을 남기지 않고 1603년에 사망했습니다. 튜더 왕조가 막을 내리는 순간이었습니다. 이어 스코틀랜드 왕 제임스 6세가 잉글랜드 왕위를 계승해 제임스 1세로서 '스튜어트 왕조'를 열었습니다. 따라서 셰익스피어 본인은 튜더 왕조에서 스튜어트 왕조로 옮겨가는 대전환기를 살았던 것이지요.

로즈워즈를 그린 셰익스피어의 데뷔작(으로 추정) 『헨리 6세』는 히트를 치면서 3부작까지 쓰인 대작이 되었습니다. 셰익스피어 단독작이 아니라 공동 집필이라는 말도 있지만, 셰익스피어는 로즈워즈라는 역사상의 테마를 왜 골라 썼으며, 왜 잘 팔렸던 걸까요? 그 비밀을 알기 위해 우선 셰익스피어가 세운 전략을 살펴보겠습니다.

셰익스피어식 흥행 전략

자, 이제 막 런던으로 상경해 시작하려는 젊은이에게 찬스가 찾아왔습니다. 선배들과 연극을 만들어보지 않겠냐는 제안을 받은 것입니다. 하지만 갑자기 아무도 모르는 새 캐릭터를 내놓아 봤자 무시당할 가능성이 높습니다. 그래서 셰익스피어는 전략을 하나 생각했습니다.

'국민들이 모두 아는, 그리 오래지 않은 과거의 위인들을 베이스로 이야기를 만드는 게 어떨까?' 하고 말이지요.

역시 런던 시민들이 관심을 가지는 건 자국 이야기입니다. 우리도 사극을 좋아하잖아요. 자기 나라 이야기를 하는 역사극은 언제나 사람들의 마음을 끄는 장르입니다. 그래서 셰익스피어도 초반에 역사극을 꽉꽉 써댔던 것이지요.

그때 히트한 작품이 『헨리 6세』이며, 뒤이어 『리처드 3세』 같은 작품도 나왔습니다. 이 『리처드 3세』는 엄청나게 재미있어요. 다스 베이더 등장 뺨칠 정도로 악의 꽃이 화려하게 만개하는 위험한 연극입니다.

역사극이라는 인간 드라마에는 할리우드 영화와 애니메이

션처럼 개성 강한 캐릭터들이 등장해 활약합니다. 그들은 갈등하고, 배신하거나 배신당하고, '우리의 정의와 너희들의 정의는 다르다!'며 충돌합니다. 그 안에 연애, 불륜, 암살이 있는가 하면 마법사가 등장해 함정에 빠뜨리거나 혁명이 일어나고 나약한 왕이 고민하다 갇히는 신세가 된다거나 시크한 여왕이 몇 만 명이나 이끌고 전장을 나서기도 하는…… 이런 어마어마한 스케일의 드라마가 차례로 펼쳐집니다.

역사극에 등장하는 캐릭터는 당시의 영국인이라면 누구나 아는 인물들입니다. '엇, 역사 수업에서 들은 적 있는데!' 싶은 사람들이 속속 튀어나와 스펙터클한 극을 전개하니 흥분하지 않을 수 없었을 거예요. 당대의 오락물이었다고 할 수 있겠습니다.

물론 셰익스피어가 역사적 인물들에게 직접 이야기를 들은 것은 아닙니다. 리처드 3세가 실제로 "나는 악당이 되어 세상의 헛된 즐거움을 증오해주겠다"라곤 말하지 않았을 테니까요. 실존했던 인물이기는 하지만 이야기 속의 인물로 대사를 상상해 넣은 것이지요.

셰익스피어의 역사극이 재미있는 것은 실제로 일어난 역사 위에, 그가 살던 당대 런던의 권모술수가 판치는 정치·경제·사회상을 겹쳐 그려냈다는 점에 있습니다. 자신이 사교계에서 보고 듣고 때로는 직접 휘말리기도 했던 정쟁과 인간관계, 국제정세를 『헨리 6세』라는 이야기에 녹여냈습니다.

제목이기도 한 '헨리 6세'는 나약한 전하입니다. 아버지 헨리 5세는 젊은 시절에 "할(Hal) 왕자"라는 애칭으로 불리며, '팔스타프' 같은 방탕한 친구들과 어울려 까불거리고 놀던 활발

한 인물이었지요(이 부분의 이야기는 『헨리 4세』를 꼭 읽어보세요!). 헨리 5세가 국민적 영웅으로 두터운 신뢰를 받았던 반면, 아들 헨리 6세는 우유부단한 문학청년이었습니다. 그는 내부에서 벌어지는 권모술수의 소용돌이에 휘말렸고 나라는 엉망진창이 되었습니다. 결국 로즈워즈=장미 전쟁이 일어나고 맙니다.

  결과적으로 헨리의 붉은 장미 팀(랭커스터 가문)이 승리하나, 그 과정에서 흰 장미 팀(요크 가문)이 헨리 6세를 유폐하여 왕좌에 오르는 일이 있었습니다. 감금된 헨리 6세는 리처드에게 살해당합니다. 그는 훗날 리처드 3세가 되는 최종 빌런이지요. 리처드 3세가 실제로도 가장 나쁜 놈이었는지 아닌지는 알 수 없습니다. 하지만 셰익스피어는 그를 철저하게 악역 캐릭터로 그렸습니다.

프로파간다? 하지만 사실은……

『리처드 3세』는 추악한 리처드가 교묘한 말로 주변을 속이고 암살을 일삼아 왕위에 오르나 마지막에는 망령들에게 "절망하다 죽어라!"라는 저주를 받고 파멸한다는 이야기입니다.

막이 오르자마자 리처드는 악당 선언을 합니다.

> 입으로 점잖고 고상한 말만 읊어대는 세상,
> 어차피 사랑받는 주인공 역할은 글렀으니
> 차라리 악당이 되어
> 이 세상 헛된 즐거움을 모조리 증오해주겠다.
>
> 『리처드 3세』 제1막 제1장

시원스럽기까지 한 악당, 리처드 3세. 살짝 멋있어서 부럽기도 합니다. 캐릭터로서 아주 매력적이지요. 이 역시 셰익스피어

극작의 힘이지만, 대체 왜 셰익스피어는 리처드 3세(요크 가문)를 나쁘게 그렸을까요?

거기에는 사실 캐릭터의 매력을 끌어내기 위함과 별개로 역사에 얽힌 깊은 이유가 있습니다. 셰익스피어는 관객을 불러모으는 인기 작품을 써야 하는 한편 자신을 지원해주는 '후원자(Patron)', 즉 튜더 왕가의 높은 분들도 기쁘게 해드려야 했습니다. 셰익스피어의 극은 민중들뿐만 아니라 왕후·귀족들도 보러 왔기 때문에 신분이 높은 왕족과 귀족을 내 편으로 만들 필요가 있었던 것이지요. 그래서 어떻게 했을까요?

'튜더 왕조는 역사적으로 봐도 정통성을 갖춘 통치자'라는 것을 작품 속에서 느낄 수 있도록 극을 썼습니다. 튜더 왕조는 붉은 장미 랭커스터 가문의 혈통이지요. 그래서 적대 관계에 있는 흰 장미 요크 가문의 리처드 3세를 확실한 악인으로, 그를 쓰러뜨리는 튜더 왕조의 창시자 헨리 7세를 영웅으로 그린 것입니다.

『리처드 3세』를 본 관객은 '튜더 가문은 이렇게 엉망진창이던 세계를 통일한 훌륭한 왕조! 나쁜 리처드를 쓰러뜨린 멋진 가문이야'라고 느끼게 됩니다. 즉, 이 작품은 당시 튜더 왕조의 프로파간다(선전물) 역할을 했던 셈입니다. 민중들이 재미있는 연극을 순수하게 즐기면서 '우리나라는 대단해. 엘리자베스 여왕 만세!'가 되니 권력자는 흐뭇해집니다. 당시의 왕조를 칭송하는 형태로 드라마를 만들어, 국민이 엘리자베스 여왕을 존경하게끔 그려낸 것입니다. '우리나라 최고!'라는 자부심이 있으면 대외적인 전쟁에 나설 때도 힘이 나겠지요. 이처럼 애국심을 고취하고 권위를 강화하는 수단으로 역사극은 작동했습니다.

하지만 거기에 그치지 않는 것이 바로 셰익스피어입니다. 극악무도하게 그릴 생각이었던 리처드 3세가 터무니없이 매력적인 겁니다. 악당인데 마음을 끈다니. 정치적으로는 마이너스 이미지를 부여하면서 캐릭터로서는 플러스 이미지를 부여하고 있습니다. 생각해보세요. 좋은 것은 나쁘고, 나쁜 것은 좋다. 이것이 셰익스피어였습니다. 인간과 세상은 그리 단순하지 않다. 일원적인 것이 아닌 모순된 세계를 통째로 받아들여 보면 새로운 발견을 하게 될지도 모른다. 셰익스피어는 시공을 초월해서 우리에게 이렇게 말하고 있는 것입니다.

역사극에서 '최애' 캐릭터 찾기!

여기까지 역사극을 살펴봤습니다. 이쯤에서 큰 목소리로 외치고 싶은 것이 있습니다.

"역사극은 책 말고 공연으로 보세요!"

역사극은 너무나도 재미있지만, 등장인물이 많고 이야기가 다소 복잡하기도 해서 처음부터 책으로 접하기엔 난이도가 높습니다. 그래서 만약 지금 상연 중인 연극이 있다면, 티켓을 끊는 것이 제일 쉽고 빠른 길입니다. 공연을 올리는 컴퍼니도 분명 작품을 공들여 재미있게 전해줄 거예요.

여기에 하나 더 재미를 높이는 방법은 바로 '내가 좋아하는 캐릭터'를 찾는 것입니다. 마치 좋아하는 그룹의 콘서트에 온 것처럼 여러분이 제일 아끼는 멤버, '최애' 캐릭터를 찾아서 그를 있는 힘껏 응원하는 마음으로 보는 걸 추천합니다.

그런데 저의 최애는 누구냐고요? 글쎄, 『헨리 6세』 제1부에 나오는 '잔 다르크'나 '탤벗' 장군일까요. 물론 제목이기도 한 '헨리 6세'도 좋습니다. 아, 맞다. 무조건 응원했으면 하는 건 '마가렛'입니다. 이 여왕님이 주인공이라 해도 과언이 아니거든요. 또 '서포크' 백작도 좋고, 반란의 우두머리 '잭 케이드'도 좋아요. 『리처드 3세』의 '리처드'는 빼놓을 수 없지요. 그뿐만 아닙니다. 더 윗세대로 가면 '할 왕자'도 좋고, '팔스타프'도 좋아요…… 이런, 끝이 없네요.

역사극은 역사적 사건 자체를 그렸다기보다 역시 인간을 그리고 있습니다. 역사 속 인물들이 어떻게 인간임을 온전히 즐기고 맛봤는가. 셰익스피어의 관심은 그 부분이었습니다. 그래서 작품을 볼 때 역사에 정통하지 않아도 상관없습니다. 운동회처럼 '홍팀 랭커스터, 화이팅!' '백팀 요크, 힘내라!' 정도면 되는 거예요.

실제로 『헨리 6세』에서 셰익스피어가 그리는 로즈워즈의 발단은 딱 그런 느낌입니다. "나는 붉은 장미를 달았는데, 자네는 어느 쪽 편을 들겠나?"라며 장미밭에서 오고 간 귀족들의 말다툼이 애초의 발단으로 나와 있습니다. '역사'라고 하면 막중하고 어려울 것만 같아도, 본질은 여전히 이와 다르지 않다고 생각해요. 한 나라의 폭군이 부린 자존심 때문에, 혹은 한 발짝도 물러서기 싫다는 옹고집 때문에, 고작 그런 이유로 수만 명이 목숨을 잃고, 자식과 부모가 찢어지며, 복수의 연쇄가 끝없이 되풀이됩니다. 셰익스피어가 가르쳐주는 것은 너무도 사실적인 현실의 세계 정세이기도 합니다.

셰익스피어의 두 얼굴

여기서 여러분께 질문을 하나 드릴게요.

Q: 만약 여러분이 믿고 있는 것을 사회에서는
  믿으면 안 된다고 하면 어떻게 하실 건가요?

여러분이 소중히 여기는 것이 있는데, 그걸 믿는다는 게 들키면 탄압당해 죽습니다. 그럼 더 이상 믿지 않으실 건가요?
 어려운 국면이지요. 하지만 죽는 정도는 아니라 할지라도 이런 순간들이 있을지 몰라요. 예를 들어 몰래 좋아하는 '덕질' 대상이 있지만 입시 준비 때문에 마음껏 즐기지 못할 때. 대학 진학에 조금도 관심이 없는데 진학하지 않으면 부모님이 받아들이지 않을 것 같은 상황. 반 친구들이나 회사 조직과는 전혀 다른 생각을 가지고 있지만 쉽게 말을 꺼낼 수 없는 순간. 규모와 맥락은 다르더라도 이런 식의 어쩔 수 없음, 사이에 끼인 느낌을 경험한 적은 누구에게나 있을 것입니다.
 실은 셰익스피어야말로 그렇게 중간에 낀 상태로 능수능란하게 살아남은 사람입니다. 그의 인생 이야기가 부디 여러분에게 도움이 되길 바라며, 당시 기독교의 두 그룹인 가톨릭과 프로테스탄트의 관계에 관해 들려드리고자 합니다.

셰익스피어가 살았던 16~17세기의 영국에서는 프로테스탄트와 가톨릭이라는 두 기독교 그룹이 대립하고 있었습니다. 면벌부를 강매하는 등 로마 교황 중심의 기존 교회가 부패했다는 비판 속에 '오직 성경, 오직 믿음'이란 주장을 내세운 종교개혁이 유럽 전역으로 번졌습니다. 이로 인해 기독교는 가톨릭('구교')과 프로테스탄트('신교', protest는 저항하다란 뜻)로 분열되었고, 영국 왕실도 로마 교황청과 결별하며 프로테스탄트를 국교로 채택하게 됩니다. 그러자 가톨릭 신자들은 벌금을 내고 투옥당하는 등 박해를 받았습니다. 나아가 공직에 앉는 걸 금지당하고 교육과 재산권에도 제한이 생겼습니다.

셰익스피어의 가족도 이 일의 영향을 받았습니다. 셰익스피어의 아버지 존 셰익스피어는 가톨릭교도였다고 합니다. 바깥으로는 프로테스탄트 신앙을 따르면서도 남몰래 가톨릭 의식을 지켰을 가능성이 있습니다. 존은 열심히 장사 일을 하다가 부동산 투자에 실패해서 빚을 떠안게 되었습니다. 앞서 보았듯 셰익스피어는 문법학교에 다니며 라틴어와 고전문학을 익히는 엘리트 교육을 받았지만, 이런 아버지의 몰락으로 대학 진학을 이루지 못하고 가계는 파산 상태에 이릅니다. 아버지 존이 마을의 관리직을 사임했고, 이후로는 빚쟁이들에게 쫓기는 나날이 이어졌습니다. 결국 셰익스피어 가족은 지역 교회에 얼굴을 비추기조차 어려워집니다. 돈 문제 때문만이 아니라 가톨릭 신앙이 탄압받던 시기였기에 일가의 고립은 피할 수 없었지요.

얼마 전까지만 해도 가톨릭이 주류였던 영국이 프로테스탄트로 전향했습니다. 그러한 종교의 전환기 속에서 유복했던 셰익스피어의 가정도 몰락해갔습니다. 이렇게 두 개의 가치관이 뒤엉켜 흔들리던 시대에, 정답은 하나가 아니라는 것을 실감하며 성장한 셰익스피어는 세상의 다면성을 깊이 이해했을 겁니다.

『맥베스』의 "깨끗한 것은 더럽고, 더러운 것은 깨끗하다" 혹은 『햄릿』의 "사느냐 죽느냐"란 표현처럼 셰익스피어는 어느 쪽이 좋다가 아니라 '정답이 없는' 혹은 '둘 다 맞기도 하고 틀리기도 한' 복잡한 상황 속에 살게 되었습니다. 어디까지나 작품을 읽고 추측한 것이지만, 그 자신도 어릴 때부터의 가톨릭 신앙을 간직한 채 프로테스탄트가 주류인 사회에서 살아남기 위해 적응을 했을지도 모릅니다. 셰익스피어의 작품에는 가톨릭에 대한 공감과 이해가 엿보이는 한편 프로테스탄트 가치관을 반영한 요소도 담겨 있습니다. 가톨릭교도인 아버지를 존경하면서도 몰락한 아버지의 전철을 밟지 않도록 프로테스탄트 사회인 런던에서 연극 사업을 일으키는 성공 스토리. 그의 인생을 이렇게도 볼 수 있겠습니다.

셰익스피어는 가족에게 물려받은 가톨릭의 얼굴과 사회를 향해 내보인 프로테스탄트의 얼굴을 나눠 사용하면서 격동의 런던을 꿋꿋이 살아갔던 것입니다.

빛과 그림자가 혼재하는 런던

셰익스피어가 활약한 당시의 런던은 어떤 분위기였을까요?

 엘리자베스 여왕의 시대, 영국은 "황금기"라 불리는 문화와 예술의 개화기를 맞이했습니다. 1558년에 즉위한 엘리자베스 여왕은 1588년에 스페인의 무적함대를 물리치고 국민의 존경을 한 몸에 받았습니다. 이 승리로 그녀는 단번에 스타 같은 존재가 되었습니다.

 하지만 엘리자베스 여왕의 치세는 종교적 긴장과 정치적 불안감도 함께 안고 있었습니다. 영국은 프로테스탄트 국가로서 지위를 다지려 하고 있었고, 가톨릭과의 대립이 날로 격화되었습니다. 여왕은 종교적 관용을 지향하면서도 자신의 지위를 지키기 위해 가톨릭에 대해 엄한 정책을 취하기도 했습니다.

 런던에는 급속한 도시화와 인구 증가가 이어지면서 특히 15~27세의 젊은이가 많이 살게 되었습니다. 연극 같은 엔터테인먼트를 즐기는 시민을 위해 '글로브 극장' '커튼 극장' '로즈 극장' '스완 극장' 등 극장도 다수 지어졌습니다. 엘리자베스 여왕 자신이 연극을 좋아했기 때문에 연극 문화는 크게 번창했습니다. 극장이 딸린 여관까지 생겨 숙박하는 김에 연극을 즐길 수 있었습니다.

연극뿐만 아니라 '곰 괴롭히기'와 '공개 처형' 등 지금은 생각조차 할 수 없는 잔혹한 쇼도 인기가 있었습니다. '곰 괴롭히기'란 콜로세움 같은 극장에서 곰을 말뚝에 묶고 사냥개를 풀어 곰이 이기는지 개가 이기는지 보는 구경거리였습니다. 지금이라면 비난이 빗발칠 게 뻔한 믿기지 않는 일인데, 그런 행사가 사람들이 들끓고 열광하는 엔터테인먼트로 인기를 모았습니다. 오락 문화는 당시 사람들에게 생활의 일부였습니다.

동시에 당대 런던은 '감염의 시대'이기도 했습니다. 페스트가 대유행을 했으니까요. 역사적으로 전염병이 돈 시기는 몇 번 있었는데, 셰익스피어가 살았을 무렵에도 크게 유행해서 그가 태어난 해에 스트랫퍼드에서는 주민의 10퍼센트가 역병으로 사망했다는 기록이 남아 있습니다. 또 어떤 자료에 의하면 감염원인 쥐가 들어오지 못하도록 다들 창문을 닫고 이불을 빈틈없이 깔아둔 채 집에 틀어박혀 지냈다고 합니다. 셰익스피어의 연극 공연도 감염 확산을 막기 위해 어쩔 수 없이 중단되었습니다. 그러던 와중에 배우들이 몰래 연극을 하는 바람에 병이 다시 퍼지는 일도 있었다고 합니다. 왠지 코로나 때와 크게 다를 게 없네요. 사망자가 나오면 울리는 교회의 종이 런던 거리에 빈번하게 울려 퍼졌습니다.

인구가 늘어나 인기 엔터테인먼트로 들썩이는 활기 넘치는 밝은 런던, 그리고 전쟁과 페스트로 사람이 죽어 나가며 우울한 종소리가 울리는 어두운 런던. 여기에서도 깨끗함과 더러움, 밝음과 어두움이라는 두 얼굴을 볼 수 있습니다.

8년간의 공백과
셰익스피어식 '출세법'

셰익스피어의 생애에는 "잃어버린 세월"이라고 해서 기록이 남아 있지 않은 8년간의 공백이 있습니다. 연표를 보면, 고향에 처자식을 두고 상경한 셰익스피어가 어느 순간 런던에서 '이 사람 대단해!'라며 갑자기 화제에 오릅니다. 그 간격이 약 8년인데, 그동안 후원자의 가정교사로 일했거나, 귀족 가문 주변을 맴돌았거나, 심지어 종군(從軍)했을지도 모른다는 설이 있습니다.

처음 런던에 왔을 무렵의 셰익스피어는 순수하게 연극을 좋아하는 청년이었을 것 같습니다. 극장에서 말을 돌보고 관객의 짐을 맡는 등 잡일을 했다는 이야기도 존재합니다. 그런데 연극계, 하물며 귀족 가문과의 연줄이라곤 없던 시골 출신의 일개 청년이, 어쩐 일인지 8년 사이에 여왕의 마음에 들고 귀족에게도 사랑받는 존재가 되어 있던 것이지요.

셰익스피어가 귀족의 가정교사를 했다는 확실한 증거는 없지만, 그가 상류 사회와 관계를 맺고 그 속에서 극작가로 지위를 쌓아갔다는 것은 분명합니다. 그는 귀족, 정치가, 그리고 경제계 사람들의 한복판에 들어가 그 세계에서 후원자들이 어떻게 떠올랐다가 몰락하는지 관찰하고, 그 지식을 작품에 반영해나갔습니다.

이윽고 셰익스피어는 극작가로서 세상에 모습을 드러냈습니다. 그의 작품은 런던의 극장에서 공연되어 많은 관객을 매료시켰습니다. 당시 극장은 수용 인원 2,500명을 다 채우지 못하면 적자가 나는 구조였는데, 거기서 셰익스피어는 어떤 연극을 만들었을까요?

앞서 본 것처럼 '원작'이 있는 엔터테인먼트를 만들었습니다. 누구나 아는 영국의 역사, 그리스 신화, '줄리어스 시저'를 둘러싼 고대 로마의 유명 에피소드, 기독교의 명언 등을 소재로 삼고 현실의 경제계, 정치계에서 자신이 봐왔던 리얼한 인간의 모습을 몽땅 쏟아부어 작품으로 만들었습니다.

민중들은 그의 작품을 가십거리에 올리며 열광했습니다. 사업가들은 '맞아, 맞아' 하며 공감하고 일종의 '배움'으로 삼았습니다. 후원자인 왕후·귀족도 본인들이 하고 싶은 말이 연극 속에 담긴 걸 보고 만족했지요. 이렇게 해서 셰익스피어는 연일 2,500명을 극장에 동원하는 데 성공한 것입니다.

그는 연극으로 세상을 움직이면서 사회에 영향을 미치는 실업가가 되기도 했습니다. 글로브 극장을 공동 소유하는 등 투자 사업에도 손을 뻗어, 놀랍게도 고액 납세자가 됩니다. 몰락한 바람에 좋은 신분을 받지 못했던 아버지에게 셰익스피어는 자신의 돈으로 신분을 사주기도 했습니다. 고향에 많은 세금을 내고 사회 공헌을 하여 아버지가 들어가지 못한 교회에 셰익스피어 가문의 무덤을 만들었습니다. 가족에게 은혜를 갚고 아버지의 이루지 못한 꿈을 이룬 것이지요.

셰익스피어 작품을 생각할 때는 그의 인생도 함께 떠올려보면 좋겠습니다. 집안이 몰락해 시골에서 올라온 청년이 어떻게 연극으로 성공을 거두기에 이르렀는지를 알면, 보는 눈이 훨씬 깊어질 거예요.

멋진 인간을 꿈꾼 르네상스의 열기

셰익스피어는 '이탈리아를 무대로 한 연극'을 많이 썼습니다. 『로미오와 줄리엣』『베로나의 두 신사』는 베로나, 『줄리어스 시저』는 로마. 시칠리아 왕을 그린 『겨울 이야기』, 파도바가 배경이 된 『말괄량이 길들이기』, 베니스가 무대인 『베니스의 상인』과 『오셀로』…….

이탈리아에 많이 가봐서 이탈리아를 좋아하는 건가 싶었더니, 사실 그는 한 번도 이탈리아에 간 적이 없다고 합니다. 왜 가본 적도 없는 곳을 배경으로 몇 번씩 작품을 썼을까요?

셰익스피어는 '르네상스' 시기를 대표하는 예술가입니다. 르네상스(Renaissance)라는 말은 들어본 적이 있으실 거예요. 쉽게 말해 '고대 그리스·로마 시대에 대한 동경'입니다. 1500~1600년경의 유럽인들은 암흑의 중세시대를 거쳐 새로운 문화와 지식의 부흥을 바라는 시대에 서 있었습니다. 그들은 '지금의 우리보다 그리스·로마 시대 사람들이 인간으로서 더 뛰어났어. 위대한 철학자도 잔뜩 나왔고, 골격이며 근육이 다부지니까 전쟁에 나가도 다 이겨서 멋있었는데 말이야!'라며 그리워했습니다. 인간의 본질과 대단함은 다름 아닌 고대 그리스·로마에 있다고 본 것이지요.

이러한 르네상스 움직임 속에서 셰익스피어는 그리스와 로마의 인간상에 가까운 훌륭한 인간을 그리고 싶었던 것 같습니다. 그래서 이탈리아를 배경으로 했고요. 하지만 그렇다고 초월적인 슈퍼 히어로를 그리진 않았습니다. 셰익스피어가 그린 인물은 강한 의지와 재능을 지닌, 일상생활 속에서 빛나는 사람들이었습니다. 행동력과 이성을 겸비하면서도 고민하고 실패도 하고 욕심이 있고 질투가 심한, 더없이 인간다운 인간을 그렸습니다.

셰익스피어의 마지막 작품 『템페스트』에는 직설적으로 인간 찬가를 노래하는 말이 있습니다.

> 아아, 신기하구나!
> 이토록 어여쁜 생물이 이렇게나 많다니.
> 인간은 어쩜 이리 아름다울까. 아아, 멋진 신세계,
> 이런 사람들이 살고 있다니!
>
> 『템페스트』 제5막 제1장

물끄러미 보고 있으면 참으로 재미있게 사는 사람들이 있습니다. 본인은 힘들지 몰라도, 왠지 모르게 주변 사람들보다 대단히 활기차게 삶을 구가하는 이들이요. 그런 인간을 셰익스피

어는 그랬습니다. 저는 늘 그의 인물들에게 매력을 느낍니다. 그리고 저 자신에게도, 또 모든 사람에게도 그런 인간다운 면모가 있다는 사실에 마음이 놓입니다. 인간의 저력에 감동하고, 아름답다 멋있다 감탄하며 넋을 잃곤 하지요.

셰익스피어의 시대를 지나
우리 자신의 시간으로

지금까지 이 책에서 봐왔듯 셰익스피어는 비비드한 감각으로 시대와 함께 호흡했고, 사람들에게 실시간으로 임팩트를 주는 연극이라는 수법을 활용해 '인간과 세상'을 표현했습니다. 문학가로 유명하지만 그것은 셰익스피어의 일면에 지나지 않습니다.

흔히 『햄릿』을 가리켜 "문학의 모나리자"라고들 합니다. 모나리자의 미소처럼 여러 관점에서 고찰할 수 있고 함축성이 빼어난 문학이라는 의미입니다. 그 말도 맞지만, 셰익스피어의 작품은 '문학'이라는 틀 안에 다 들어가지 못할 정도의 정보량과 리얼리티를 지닙니다. 지금을 살고 있는 우리에게까지 울려 올 만큼의 강도로 현실 그 자체를 전해주지요.

또 문학 예술이라고 하면 고상하다는 뉘앙스가 있지만, 셰익스피어를 즐기는 법의 핵심은 우리가 평소에 살면서 체감하는 것들— 사회, 경제, 정치, 연애, 일, 리얼한 인간관계, 감정을 떠올리며 보는 것이라고 생각합니다. 그 관점으로 보면 400년도 더 전이라는 시간적인 거리 같은 건 전혀 상관이 없어집니다.

그런 의미로 이 마지막 시간에 하고 싶은 말이 있습니다.

부디, 여러분의 생활과 인생에 밀착시켜 셰익스피어를 관람하고 읽어주세요.

우리는 인간입니다. 역사가 진전하든 시대가 변해가든, 마주해야 할 물음은 단 하나. 그것은 『햄릿』의 가장 첫머리에 나오는 말로 요약됩니다.

> 누구인가?
> Who's there?
>
> 『햄릿』 제1막 제1장

이 한마디입니다. 인간이란 대체 누구이며, 어디를 향해 가려고 하는가.

과학 기술이 발달하고 점점 신체를 쓰지 않아도 되는 시대가 될수록 우리는 더 깊이 인간을 이해할 필요가 있습니다. 우리의 정체는 무엇인지, 우리에게 행복이란 무엇인지 다시 생각해보는 것이 중요합니다.

우리는 어디로 향하고 있을까요?

망자인 셰익스피어는 답을 주지 않습니다. 언제나 침묵합니다. 하지만 여기까지 여행해온 여러분에게 그것은 문제가 되지 않습니다. 이미 곁에 셰익스피어가 있기 때문이에요. 작품을 꼼꼼히 들여다보고, 질문을 공유하고, 새로운 지구를 창조

할 수 있게 된 여러분은 이제 셰익스피어와 대화할 수 있는 사람이 되었습니다.

우리는 누구인가, 어디로 향하는가. 그가 남긴 풍부하고 울림 있는 작품들에는 우리의 '지금까지, 그리고 앞으로'를 생각하기 위한 힌트가 가득 차 있습니다. 앞으로의 역사를 써내려 갈 사람은 과거와 미래의 교차점에 서 있는 지금 이 순간의 우리입니다. 셰익스피어의 시대를 지나 우리 자신의 시간으로 향하는 이 여정—

자, 여러분은 어떤 걸음을 내딛겠습니까?

과외수업

번역의 시간

EXTRA CLASSES

TIME for TRANSLATIONS

©Image courtesy of The Metropolitan Museum of Art, Public Domain. Title: Coriolanus and Aufidius (Shakespeare, Coriolanus, Act 4, Scene 5), Engraver: Charles Heath, Date: 1825–40 Object Number: 41.91.156

셰익스피어 전작 번역을 완수한 대가에게
번역의 기쁨과 고통에 대해 물었습니다

이 책에서 인용한 셰익스피어의 작품은 모두 마쓰오카 가즈코 씨의 번역입니다. 마쓰오카 선생님은 무려 37편에 이르는 셰익스피어의 전 작품을 혼자서 20년에 걸쳐 완역하는 위업을 달성했습니다. 대단한 점은 그뿐만이 아닙니다. 평생 들여다본 셰익스피어를 몇 번이고 다시 읽고, 무대 리허설의 배우·연출가와 교류하면서 지금까지도 끝없이 자신의 번역을 '업데이트'하고 있습니다. 그 마쓰오카 선생님에게, 셰익스피어를 '번역'한다는 것은 무엇인지 낱낱이 물어봤습니다.

※ "기" = 기무라 류노스케(본서의 저자), "마" = 마쓰오카 가즈코(번역가)

원문, 직역, 번역은 어떻게 다를까?

기   이번에는 과외 수업을 마련해서 마쓰오카 가즈코 씨에게 이야기를 들어보고자 합니다. 저의 극단 '가쿠신한(확신범이라는 뜻)'에서는 줄곧 마쓰오카 씨의 번역을 사용해왔습니다. 셰익스피어 번역서는 많지만, 마쓰오카 씨의 번역은 연극으로 상연한다는 점을 전제하고 있어 아주 읽기 편하고, 연기하기도 좋아요. 마쓰오카 씨는 번역할 때 어떤 생각을 하시는지, 또 어떤 어려움과 재미가 있는지 이야기를 나누고 싶습니다.

마   오늘은 번역 이야기를 한다니까, 혹시 도움이 될까 해서 가지고 온 게 있어요. 지금 메이지 대학교에서 셰익스피어를 가르치고 있는데요, 그 강의 자료와 학생들의 감상문입니다. '원문' '직역' '번역' 이렇게 세 버전을 읽어보게 해요. 예를 들면 『뜻대로 하세요』라는 작품에서 올란도가 쓴 러브레터를 이렇게 나란히 두고 보는 거죠.

From the east to western Inde,

No jewel is like Rosalind.

Her worth being mounted on the wind,

Through all the world bears Rosalind.

All the pictures fairest lin'd

Are but black to Rosalind.

Let no face be kept in mind

But the fair of Rosalind.

직역

동쪽에서 서쪽까지 펼쳐지는 인도에
로잘린드 같은 보석은 없다.
로잘린드는 그녀의 가치를
바람에 실어 전 세계로 옮긴다.
가장 아름답게 그려진 어떤 그림도
로잘린드에 비하면 까맣다.
로잘린드의 아름다움 외에는
어떤 얼굴도 마음에 두지 말라.

마쓰오카 번역

동인도 지나 서인도
견줄 만한 보석 없는 로잘린드.
바람 저편의 원더랜드
어디서도 이름 높은 로잘린드.
어느 화가도 감동하던
세상 가장 아름다운 로잘린드.
보고 싶다 보고 싶다 다음에도
마음속에 남는 로잘린드.

기   오, 재미있네요! 이해하기 쉬워요.

마   원문을 보면 알 수 있듯이 Rosalind에 Inde, wind, mind라는 식으로 해서 -ind(ㄴ드)로 운을 맞췄어요. 직역을 하면 의미는 전달되지만 운이 맞지 않지요. 이럴 때는 '끝단어 사전'이 도움이 됩니다. 이거 아셨어요?

기   아니요, 몰랐어요.

마   오오, 다행이네요(웃음). 끝단어 사전은 말 그대로 끝단어를 검색하는 사전이에요. 예를 들어 '로잘린드'로 운을 맞추고 싶으면 '드'로 끝나는 단어를 알 수 있거든요. 랩을 하는 사람에게 분명 도움이 될 거예요. 원문, 직역, 번역, 이 세 가지를 나란히 보기만 해도 셰익스피어의 번역이 어떤 건지 한눈에 알 수 있지 않을까 했어요. 학생들도 거기서 번역의 재미를 느꼈다는 감상이 많습니다.

기   재미있네요. 『뜻대로 하세요』에서 이 부분은 정말 랩 같아서 읽으면 항상 기억에 남아요. 스토리 이상으로 이런 게 더 남기도 하죠.
제가 처음에 셰익스피어를 만났을 때는 책장에 근엄하게 꽂혀 있는, '이게 바로 고전이다!' 같은 딱딱함을 느꼈거든요. 그런데 마쓰오카 씨의 번역본은 '자유롭게 놀아도 돼'라고 말해주는 기분이 들었어요. 그건 다른 번역에서는 느끼지 못했던 거예요. 그때부터 저는 계속 마쓰오카 씨가 만들어놓은 총 37개 셰익스피어 작품이라는 공원 안에서 뛰어노는 감각입니다. 예를 들어 '로잘린드'도 라임을 맞춘 걸로 가지고 놀 수 있잖아요. 그러고 있자면 셰익스피어가 살짝 친근해진다고 할까, 그런 토대를 만들어주셨어요.

마 기쁘네요. 셰익스피어는 역시 읽을 때마다 무언가가 자꾸 '튀어나오고' 새로운 연출가와 일을 할 때도 매번 '와아!' 하는 발견이 있어요.

기 마쓰오카 씨는 책을 내고 끝이 아니라, 거기서 몇 번이고 번역을 갱신하고 계시잖아요.

마 맞아요, 맞아요. 『맥베스』의 그 유명한 '투모로우 스피치' 장면도 그랬지요.

기 그걸 오늘 여쭤보고 싶었어요.

글자 하나 고친 '투모로우 스피치'

마 『맥베스』는 1996년에 번역했어요. 그로부터 거의 30년이 지나서 최근에 번역을 한 군데 고쳤어요.

기 이번에 고친 투모로우 스피치란 『맥베스』 제5막 제5장, 아내가 죽었다는 소식을 들은 맥베스의 유명한 독백을 가리키지요. 뭘 고치셨나요?

마 첫 번째 줄이에요. 원문은 Tomorrow, and tomorrow, and tomorrow. 처음에 번역했을 때는 "내일도 내일도, 또 내일도"였고요. 리듬이 더 좋다고 생각해서 '내일(明日)'의 독음은 일부러 '아스'로 정했어요.[1]

---

[1] 내일(明日)은 일본어로 '아시타'와 '아스' 둘 다로 읽힌다. '아시타'는 구어나 일상생활, '아스'는 뉴스 같은 공식적인 자리에서 쓰는 인상이 있다. -역자 주

그러다가 2000년에 안토니 셔[11]라는 유명 배우가 연기한 맥베스를 스트랫퍼드어폰에이번과 도쿄에서 봤어요. 그의 대사를 듣는데, "투모로우 앤드 투모로우" 하면서 and를 굉장히 강조하더라고요. 셰익스피어의 희곡은 기본적으로 '약강 5보격' 리듬으로 쓰여 있어요. 강세(악센트)가 약한 소리와 센 소리가 하나의 짝을 이루고, 이 짝이 다섯 번 반복되며 한 줄을 이룹니다. and 같은 접속사는 보통 가볍게 발음되니 '약'에 해당하지요. 그런데 안토니 셔는 이 and에 오히려 힘을 주어 말했어요. "내일, **또** 내일"처럼요. 기존 리듬대로 경쾌하게 스텝 밟듯 내일을 향해 나아가는 게 아니었던 거지요. 그래서 그 공연을 본 후 내일의 독음을 '아시타'로 바꿔 "내일도, 또 내일도, 또 내일도"로 고치게 되었습니다.

기 거기까지는 저도 들은 적이 있어요.

마 그렇죠? 그런데 사실 뒷이야기가 남아 있어요. 그 후에도 계속 tomorrow라는 말이 살짝 걸리는 거예요. tomorrow는 하나의 단어라고 생각하잖아요. 그런

---

11) Sir Antony Sher(1949~2021) 남아프리카공화국 태생의 배우 겸 연출가. 1982년 영국 로열 셰익스피어 컴퍼니에 합류, 다양한 배역을 맡아 순회공연을 했다. 로렌스 올리비에상을 2회 수상(5회 노미네이트)했으며 찰스 왕세자는 그를 가장 좋아하는 배우로 꼽았다. 연극에 기여한 공로로 2000년 대영제국 최고 훈장(KBE)을 받았다. 2021년, 스트랫퍼드어폰에이번에 자리한 그의 집에서 72세의 나이로 병사했다. –이하 편집자 주

데 to/morrow로 분해할 수 있어요. to는 '~쪽으로'라고 해서 방향을 나타내는 전치사예요. morrow는 옛말로 '아침'이라는 뜻이고요. 그래서 tomorrow는 '내일'뿐만 아니라 '아침으로'라는 의미도 될 수 있어요. tomorrow 한마디에 '내일'과 '아침으로'라는 두 가지 의미가 중층적으로 담겨 있었던 거예요.

그게 계속 걸렸는데, 어느 날 뒤늦게나마 1623년에 출간된 폴리오 판[1] 『맥베스』의 투모로우 스피치 부분을 넘겨보고 있었어요. 그랬더니 투모로우가 tomorrow가 아닌 to morrow로 쓰여 있는 게 아니겠어요!

셰익스피어는 완전히, 투모로우를 to morrow, 즉 '내일=아침으로'라는 뜻으로 썼던 거예요. 그래서 번역문을 "내일도"에서 "내일로"로 바꿨어요. 결과적으로 "내일로, 또 내일로, 또 내일로"라고 번역했지요.

기　아아, 멋있어요. 진짜 대단하네요…….

마　이 개정 번역으로 처음 공연해준 배우 겸 연출가 고치 야마토 군에게 물었더니, "내일도"에서 "내일로"로 바꾸기만 했는데 눈앞에 보이는 경치가 완전히 다르대요. '내일로'라고 하면, 왠지 밝은 느낌이 들잖아

---

[1] 『the First Folio』. 셰익스피어 전집 초판.

요. 하지만 맥베스를 기다리는 건 죽음이에요. 새벽이 밝고 아침이 오고 그 아침이 되풀이된 끝에는 죽음이 있어요. 그걸 알기 때문에 'and(또)'가 무거워지는 겁니다. 맥베스, 그리고 인간 모두가 내일=죽음을 향해 걸어간다. "내일도"에서 "내일로"로 한 글자 바꿨을 뿐인데, 작품 전체에서 본 비극이 더 두드러지고 인간에 대한 강렬한 풍자로 변모합니다. 과감하게 수정하길 잘했다는 생각이 들어요. 이제야 셰익스피어가 써놓은 지점에 도달했구나…… 결론은 셰익스피어는 위대하다(웃음). 항상 이렇게 돼요. 기무라 씨와 이야기할 때도 결국 '셰익스피어는 위대하다'로 귀결되네요.

기   지금 이야기를 들으니 이 스피치의 퍼즐이 맞춰진 느낌이 들어요. 이 부분은 솔직히 잘 몰랐거든요. 여러 번역을 읽어봐도, 공연을 해봐도 마찬가지였어요. 그런데 지금처럼 '~로'가 들어가니까 정말 이해가 확돼요. 맥베스는 아내의 죽음을 겪고 스스로 비극을 맞이하려 할 때도 마지막까지 포기하지 않아요. '내일로'라는 말투야말로 맥베스답네요. 투모로우 스피치의 마지막은 인생에 "이치에 맞는 의미 따윈 없다(Signifying nothing)"며 끝나는데, 이 쓸쓸함과도 연결되잖아요. "내일로"라는 번역은 지금까지 없었죠. 단 한 음절 차이지만, 이건 발명이랄까? 셰익스피어의 생각을 제대로 나타낸 표현이라고 생각해요. 마쓰오카 씨는 번역에서 계속 무언가를 발견해내고 계시네요.

마   번역을 바꾼다는 건 무지막지하게 긴장되는 일이에요. 아무도 시도하지 않는 일을 한다는 건 정말 두렵거든요. 그래도 이번엔 백퍼센트 잘한 선택이에요. 셰익스피어도 '잘했어, 잘했어'라고 칭찬해주지 않을까 싶어요. 정말 '숙제' 같아요. 번역을 내고 몇 번이나 상연이 되고, 무언가 좀 아닌 것 같은데 하는 생각이 머리를 맴돌다가 어느 순간, 우연한 계기로 그 해답이 나오더라고요. 이번에도 첫 번역을 한 지 30년이 지나서야 겨우 도달하게 됐죠.

그 유명한 『햄릿』의 대사를
어떻게 번역해야 할까?

기   투모로우 스피치도 그렇지만, 마쓰오카 씨의 번역은 말이 고정되어 있는 게 아니라 항상 움직이는 것처럼 느껴져요. 『햄릿』의 To be, or not to be, that is the question.도 그렇잖아요. 유명한 번역은 "사느냐 죽느냐, 그것이 문제로다"라서 꼭 명언처럼 들리는데, 마쓰오카 씨의 번역은 "살아서 이렇게 있느냐, 사라져 없어지느냐, 그것이 문제로다"예요. "살아서 이렇게 있느냐"라는 표현은 단순히 생사의 문제가 아니라 인간의 존재 방식과 행위 전체를 포함하잖아요. 공간까지도 말이에요.

마   이 부분의 번역은 처음엔 "살아서 머무르느냐"라고 했는데, 기무라 씨의 『햄릿』 상연 때 "살아서 이렇게 있느냐"로 수정했어요.

기   그랬죠. 그때 '이렇게 하고 싶은데요'라고 메일 주셨지요. 이유가 있었나요?

마   꽤 고민했어요. To be, or not to be에서 be는 참 까다로운 동사입니다. 행위('존재한다')를 나타내는 동시에 상태('○○이다')를 나타내는 동사거든요. 그래서 선배 번역가들도 모두 고민이 많았죠. "살다/죽다"는 '행위'만 나타내니, not to be를 "죽느냐"라고 번역하면 뉘앙스가 달라진다는 생각이 들었어요. 실제로 셰익스피어도 '죽다(die)'란 단어는 not to be 이후 4행이 지나고 나서야 처음 썼거든요. 그래서 번역에서도 죽는다는 말을 먼저 넣으면 안 되겠다고 일단 생각했고, 그 다음은 어떻게 풀어야 하나 싶었지요. 먼저 to be는 "살아서 머무르느냐"로 번역했어요. "살아서"는 행위이지만 동적인 이미지는 아니니 괜찮다 여겼어요. 여기에 정적인 느낌을 주는 동사 "머무르느냐"를 넣었어요. 그리고 not to be는 "사라져 없어지느냐"로 번역했어요. '사라진다'는 마치 저 스스로 서서히 없어지는 느낌이니 '상태'로도 해석 가능할 것 같았어요. 그래서 "살아서 머무르느냐, 사라져 없어지느냐"란 번역이 됐는데, 재차 생각해보니 역시 '머무르다'는 '행위'에 가깝다는 생각이 들더군요. 다소 딱딱하더라도 원문에 더 충실하게 번역하자는 생각에 "살아서 이렇게 있느냐"로 수정해 기무라 씨에게 의견을 물었더니 '괜찮겠는데요'라고 말해주었지요.

기   햄릿을 연기하는 배우, 이 프로젝트 자체, 그리고 관객까지, 모두를 아우르는 번역이라고 생각했어요. 이 재번역만 갖고도 공연을 할 의미가 충분하다고 느꼈습니다.

마   역시 현장에서 '이걸로 갑시다'라고 해주지 않으면 대사가 될 수 없지요. 반응이 안 좋았다면 아마 한 번 더 고민의 늪에 빠졌을지도 몰라요. 기무라 씨가 너무 좋아해줘서 '이거다'란 느낌이 들었어요. 번역을 내놓을 때는 정말 살이 떨릴 정도로 긴장되거든요. 이대로 GO 하라는 신호였기 때문에 정말 기뻤지요.

번역문을 다시 영어로 번역하면

기   마쓰오카 씨는 무대 리허설 때 번역 대사를 다시 영어로 번역한 적이 있다고 들었어요.

마   네, 연출가 확인용으로요. 제 번역을 다른 분께 영문 번역해달라고 부탁했어요. 2007년 신국립극장에서 『한여름 밤의 꿈』 연출을 맡은 존 케어드[1] 씨가 제가 한 일본어 번역의 뉘앙스를 알고 싶다고 해서 거꾸로 영역(英譯)을 했습니다.
여기 『한여름 밤의 꿈』 책이 있나요? ······아아, 이건 2쇄본이니까 수정하기 전이네요. 3막 1장 마지막 장면에서, 눈에 묘약이 발린 티타니아가 당나귀 머리가 된 직조공 보텀을 침대로 유혹하고 시종들에게

---

[1]   John Caird(1948~) 영국의 연출가. 다년간 영국 로열 국립극장의 연출가였으며 로렌스 올리비에상 최우수 연출상, 토니상을 수상했다. 현재 로열 셰익스피어 컴퍼니의 명예 부연출가, 스톡홀름 왕립 드라마 씨어터의 수석 게스트 연출가로 활동 중이다.

말하는 대사예요.

"자, 모두들, 이리 와서 나의 쉼터로 그를 안내해줘. / 어쩐지 달이 눈물을 머금은 듯하구나. / 달이 울면 작은 꽃들도 같이 흐느끼지. / 소녀의 빼앗긴 정절을 슬퍼하면서."

케어드 씨가 마음에 걸린 부분은 마지막 "빼앗긴 정절"이라는 부분이에요. 원문은 enforced chastity인데, 제가 번역할 때 저본(底本)으로 삼은 아덴 판[11]에는 violated by force(강제로 유린당하다)라는 주석이 달려 있었어요. 저도 그걸 따라 "빼앗긴 정절"이라 번역했는데, 그 번역을 영어로 다시 옮기면 주석과 똑같은 의미가 돼요. 그때 케어드 씨가 "잠깐만요. 이 부분은 원문 그대로 chastity(정절)이 enforced(강요되었다)라는 뜻입니다"라고 하는 거예요. "빼앗긴 정절"이라고 해버리면 원래 의미와는 달라진다는 지적이었어요. 그래서 정절을 억지로 지켜야 하는 처지를 담아 "강제로 혼자 드는 잠"이라고 번역을 수정하게 되었습니다.

기   그렇군요. 그러면 1막 1장의 허미어와도 이어지네요. 『한여름 밤의 꿈』의 서두에서 허미어는 좋아하는 사람과 결혼하고 싶지만 아버지의 반대에 부딪힙니다.

---

11)   『The Arden Shakespeare』. 셰익스피어 연구와 출판에서 가장 권위 있는 판본 중 하나로, 정밀한 해석과 방대한 주석이 실려 있어 연구자들이 가장 많이 참고하는 시리즈로 꼽힌다.

결혼 명령을 따르지 않으면 죽여도 된다는 아테네 법을 근거로 공작은 이렇게 말하죠. "사형이냐, 아니면 세상과의 모든 연을 끊겠느냐. (생략) 영원히 어두운 수도원 암실에 갇혀 / 아무 열매도 맺지 않는 차가운 달을 향해 찬송가를 부르며 / 일생을 헛되이 보내야 한다"는 말을 들어요. 이게 바로 강제된 독수공방이잖아요.

마 맞아요! "빼앗긴 정절"이라고 번역하게 되면, 연결되는 게 아무것도 없거든요. 하지만 저렇게 번역하면 작품의 첫 장면과 이어져요. 그래서 이 해석이 맞다고 확신했습니다. 영어로 공연할 때는 원문 그대로 말하기 때문에 문제가 없지만, 우리말의 경우 잘못된 해석을 번역한 대사로 공연하게 됩니다. 앞으로는 이 새로운 번역으로 진행해야 할 거예요.

기 그런 이야기를 들으니 저도 연출을 하고 싶어지네요. 다음에는 이 대사에 신경 써서 연출해봐야겠어요.

"셰익스피어니까
뭐든 괜찮지 않나요?"

기 아직 사회 초년생이던 시절에 '셰익스피어 씨어터 (1975년 연출가 데구치 노리오[I]가 창단한 극단)'와 니나가와 유키오[II] 씨의 현장을 서성이곤 했어요. 그러다 보니 '셰익스피어는 이래야 한다' '대사란 이렇게 말해야 한다'고 생각하게 되었죠. 그럴 때 대학 은사이신 영문학자 오하시 요이치 선생님이 "아니, 셰익스피어인데 뭐든 다 괜찮지 않나요?"라고 말씀해주셨어요. 어

I)   出口典雄(1940~2020) 연출가. 1965년 명문 극단 '문학좌' 입단, 영문학자 오다시마 유시의 셰익스피어 연구회 참가를 시작으로 창립 극단 '셰익스피어 씨어터'에서 셰익스피어 전 작품 37편의 연출을 맡았다.

II)   蜷川幸雄(1935~2016) 셰익스피어 희곡과 그리스 비극을 전문으로 상연한 세계적인 연출가. 일본인 최초로 1999~2000년 영국의 로열 셰익스피어 컴퍼니와 협력하여 런던과 스트랫퍼드어폰에이번에서 『리어왕』을 연출했다. 2002년 영국여왕으로부터 대영제국 커맨더 훈장(CBE)을 받았다.

떤 관점, 해석, 방법도 허용할 만큼 거대한 존재이니 생각을 틀에 가두지 말고 뭐든 시도해보라고요. 그 순간, 앞이 탁 트이는 듯했습니다. 그 말씀과 함께 '무엇이든 가능'을 허용해주는 마쓰오카 씨의 번역이 있었기에, 지금까지 셰익스피어의 세계에서 마음껏 뛰놀고 있는 기분입니다. 보통 번역을 변경하지 말라고 하는데, 마쓰오카 씨는 연극 작품마다 상의를 하면서 바꿔도 좋다는 입장이시죠.

마 맞아요. 니나가와 씨도 현장에서 "여기 바꿔"라고 하실 때가 있어요. 그때 변경한 부분을 나중에 책에 반영하기도 하고, 현장에서만 바꾸고 활자는 그대로 두기도 하고 여러 경우가 있습니다. 그러니 현장에서는 괜찮아요. 바꿔도 돼요. 연출가 구시다 가즈요시[1] 씨는 "저희는 모르는 게 있어도 셰익스피어에게 직접 물어볼 수 없으니, 최대한 연습실에 계셔주세요"라고 하시더라고요(웃음).

기 나가노현에서 『리어왕』을 연출했을 때, 중요한 황야 장면을 등장인물 두 사람이 서서 연기하던 중이었어요. 마침 연습실에 들른 마쓰오카 씨가 "둘 다 앉아서 하는 게 좋을 텐데"라고 조언해주셨죠. 그랬더

---

[1] 串田和美(1942~) 원로배우이자 연출가. 극단 '문학좌'에 입단한 것을 시작으로 수많은 영화와 드라마에 출연했고 연극에서는 극작, 연출, 무대미술을 두루 맡았다.

니 배우들도 훨씬 편하게 연습할 수 있었어요. 자신감이 생겼습니다.

마　그렇게 주거니 받거니 해보면 연습실의 소통도 좋아지고 현장 분위기도 다이내믹해지거든요.

기　마쓰오카 씨가 연습실에 계속 계셨으면 좋겠어요(웃음). 제가 연출한 무대를 처음 봐주신 것도 『리어왕』이었죠.

마　친분이 있는 배우가 출연한다고 해서 보러 갔는데, 너무 재미있고 다이내믹해서 '오오!' 했어요. 이 컴퍼니는 계속 지켜봐야겠구나 싶었지요. 마침 제 번역을 공연에 써주기도 했고……. 저는 번역가로서 꽤 제멋대로인 부분이 있는데요. 아무리 극의 비주얼이 아름답고, 배우가 훌륭해도, 말이 똑바로 전달되지 않으면 용납이 안 돼요. 그런데 기무라 씨의 '가쿠신한' 극단은 엄청난 속도감으로 다양한 요소를 전개하면서도, 아무튼지 모든 대사가 클리어하게 들려요. 이건 대단하다. 그게 첫 인상이었어요. 협소한 공간도 아주 효과적으로 활용하고요. 말이 또렷하게 들리고, 배우의 움직임이 역동적이고, 비주얼에도 항상 어떤 고민이 들어 있죠. 그리고 공간이 늘 유니크해요. 그 정점이 〈신 타이터스〉에서 창고를 무대로 꾸민 것이었죠. 그런 점들이 가쿠신한의 특징 아닐까요.

기   말 전달을 중요시하게 된 건 책을 먼저 접했기 때문일지도 모르겠어요. 저는 연극을 보고 셰익스피어에 입문한 게 아니라, 기노시타 준지[1] 선생 번역의 『맥베스』를 펼쳐본 게 첫 만남이었거든요. 음악을 좋아하니 셰익스피어 특유의 리듬감 있는 말들도 재미있게 다가왔죠.

셰익스피어 씨어터의 연출가 데구치 노리오 씨는 배우에게 대사 전달을 철저히 요구하는 분이었기 때문에 그 영향을 많이 받았을 거예요. 제가 『말괄량이 길들이기』에서 루센티오 역을 맡았을 때 "트라니오, 나는 오래 전부터 이 학예의 도시, 아름다운 파도바를 한 번이라도 보고 싶었어"라는 대사 중 '오래 전'이라는 단어 하나 가지고 2주 정도 지적을 받았어요(웃음). 나중엔 뭐가 뭔지 모르겠어서, 연습하다 말고 "잠깐 빠질게요" 하고 대중목욕탕에 갔어요. 개운하게 씻고 나와 "한 번 더 해보겠습니다!"라고 꾸벅 인사했지요(웃음). 하지만 저에게 정말 귀중한 경험이었고, 말이 중요하다는 건 거기서 배웠어요.

마   그런 기반이 있어야 말이 들리기 시작하는 거니까, 역시 기쁘네요. 셰익스피어의 '말 담당'으로서는.

---

[1] 木下順二(1914~2006) 극작가이자 평론가. 희곡·소설·연극평론 등 다양한 창작 활동 외에 평생의 업으로 셰익스피어 작품 번역에 힘썼다.

여성의 대사를 어떻게 번역할까?

마   처음에는 기노시타 준지 번역을 접했고, 셰익스피어 씨어터에서는 오다시마 유시 번역을 썼지요. 어쩌다가 제 번역으로 바꾸게 되셨나요?

기   직감적으로……. 처음엔 자세한 분석 없이 '좋은 분위기가 감도는 것 같아' 정도의 느낌으로 골랐어요. 그래서 써봤더니 역시 괜찮더라고요. 다른 번역으로 연습했을 때는 여성 캐릭터들의 대화에서 왠지 모르게 옛날 느낌이 난다고 생각했거든요. 그런데 마쓰오카 번역을 보니까 그런 느낌이 없더라고요. 그것도 큰 이유였어요.

마   여성의 말은 굉장히 세심하게 신경을 써요. 처음 셰익스피어 번역 의뢰가 왔을 때, 100년도 넘게 사람들이 즐겨 읽어왔고 몇 개나 되는 번역본도 나와 있으니, 더는 새로운 해석이 들어갈 여지가 없을 거라 생

각했어요. 그렇다면 제가 할 일이 뭘까 하고. 한 가지 생각한 것은, 그때까지 셰익스피어의 작품을 객석에서 봐오면서 여성 캐릭터의 말이 굉장히 기분 나빴다는 거예요. 뭔가 기분이 나빠요. 그건 아마도 남성 번역가가 생각하는 여성이 쓰는 말이었기 때문일 겁니다. 여성으로서 처음 제게 기회가 온 거니까, 여성 관객도 불편하지 않게 들을 수 있고, 무대에 선 여성도 기분 좋게 아무 거리낌 없이 말할 수 있는, 최소한 그런 번역을 해야겠다는 마음으로 임했죠. 그래서 흔히 고색창연한 여성 말투로 여겨지는 '-여요(ですわよ)' '-랍니다(ございますのよ)' 같은 표현은 전부 제외했어요.

기   『로미오와 줄리엣』은 특히 그렇네요.

마   세 번째로 번역한 작품이 『로미오와 줄리엣』인데, 특히 유명한 발코니 장면에서 선배님들 번역을 읽다가 기겁을 했어요. 줄리엣이 로미오에게 너무 공손한 태도를 보이는 거예요. 로미오와 줄리엣은 원문에선 대등한 관계거든요. 그런데 지금까지 일본어 번역은 "(당신이) 저와의 결혼이라는 걸 생각해주신다면"(오다시마 유시 역) 등 줄리엣이 굉장히 저자세였어요. 이건 아니다 싶었지요. 그때부터입니다. 『로미오와 줄리엣』 이후로는 남자와 여자가 서로 어떻게 부르는지, 관계가 대등한지 아닌지를 확실히 따져서

불필요한 '여성스러움'이 덧붙지 않도록 신경 썼어요. 줄리엣은 로미오와 대등한 관계라서 절대로 로미오를 my lord(주인님)라고 부르지 않아요. 그런데 딱 두 군데, 그렇게 말하는 장면이 나와요. 그중 하나가 And follow thee my lord throughout the world(세상 어디든 따라갈게요)예요. 왜 여기서 줄리엣이 my lord라고 한 건지, 번역이 잘 안 되더라고요. 그런데 어느 순간 깨달았죠. 자신의 어머니가 아버지를 my lord라고 부르니까, 로미오와의 결혼을 꿈꾸는 줄리엣은 빨리 그를 그렇게 부르고 싶었던 거예요. 그래서 저는 이 부분을 '나의 여보님'이라고 번역했어요. "세상 어디든 나의 여보님을 따라가겠어요"라고 번역하면 줄리엣의 대사가 엄청 귀여워지거든요.

물론 일부러 말투를 거칠게 하지는 않지만, 역할 이름을 떼고 읽으면 남자인지 여자인지 구분할 수 없도록 번역하는 것에 신경 쓰고 있어요. 그래서 그런 지점을 고려해 연출해주시면 정말 기분 좋죠. 매우 의식하면서 번역하고 있으니까요.

기   마쓰오카 번역은 남성과 여성이 역할을 바꿔서 연기해도 통해요. 『리어왕』을 연출했을 때는 작품에서 남성인 에드먼드 역할을 여성이 연기했거든요. 남녀 상관없이 캐스팅할 수 있는 번역이라고 생각해요.

마   말하자면, 저의 번역이 아니라 원문이 이미 그렇습니다. 저는 원문을 그대로 번역할 뿐이에요.

기   아아, 그래서 역시 셰익스피어는······.

마   위대하다(웃음).

셰익스피어의 '홍보 담당'

마 배우들은 셰익스피어를 연기하다 빠져드는 경우가 참 많아요. 기무라 씨는 배우가 아닌 사람들과도 셰익스피어 낭독을 한다고 하셨잖아요. 저도 학생들에게 낭독을 시켜요. 제 지론이 '묵독은 지식이 되고, 낭독은 체험이 된다'거든요. 그 체험을 배우들만 하기는 아깝다, 우리도 셰익스피어를 체험해보자는 거죠. 소리 내서 말하는 건 또 다르잖아요.

기 확실히 셰익스피어를 연기하면 에너지가 솟아나요. 셰익스피어는 '배운다'보다 '해본다'가 먼저 와야 더 즐길 수 있는 것 같거든요. 해보면 궁금해져서 자발적으로 읽기도 하고 관람도 하고 찾아보게 됩니다. 해보는 것부터가 좋다고 생각해요. 예전에 저의 극단에서 마쓰오카 씨에게 추천사를 부탁 드렸을 때, 이런 말을 보내주셨어요. '셰익스피어의 대사는 배우에게 연기의 여력(膂力)을 준다— 이게 저의 확신입니다.'

무척 공감했어요.

마   정말 그렇게 생각해요. 여력이란 저력, 허리 힘을 말해요. 셰익스피어를 연기하면 배우로서 허리에 힘이 붙지요.

기   셰익스피어 작품을 꾸준히 연기하는 배우들은 힘이 더 단단해집니다. 단순히 배우로서의 역량뿐만이 아니라 결단력까지 따라온다고 해야 할까요. 아마도 셰익스피어의 말을 끊임없이 접하기 때문이 아닐까 생각해요. 그래서 저는 배우뿐만 아니라 많은 사람이 하루라도 셰익스피어를 일찍 접한다면, 덜 헤매고…… 물론 헤매도 되지만, 하나하나의 인생 기로에 용기를 갖고 도전할 수 있지 않을까 해요.

마   저도 사실 셰익스피어에게서 몇 번이고 도망치려고 했어요. 전(全) 작품을 번역해달라는 니나가와 씨의 요청에 "네!" 했지만, 젊었을 때도 대학원 시절에도 그리고 도쿄여대 은사님인 콜 글로브 선생이 셰익스피어 수업을 맡겼을 때도, 전문가도 아닌데 어떻게 하나며 도망치려고 했거든요. 그랬더니 선생께서 이렇게 말씀하셨어요. "가즈코, 그렇게 어렵게 생각할 필요 없어. 교실에서 셰익스피어 홍보를 하면 되는 거야"라고요. 멋지지 않나요? 학문적으로 보는 셰익스피어가 아니라, '셰익스피어란 이렇게 재미있어' '이 캐릭터는 이렇게나 멋지다고' 같은 것을 전하는 것쯤이야 할 수 있겠다 싶었고, 그게 지금도 이어지고 있어요. 그래서 가끔 경력을 살짝 장난스럽게 표현할 때는, '셰익스피어 홍보 담당(아무도 시킨 적 없지만)'이라고 적기도 해요. 생각해보면 번역도 홍보 활동인 셈이죠. 너무 좋은 대사가 있으면 꼭 고스란히 살려 번역해요. 제가 원문을 읽고 눈물이 나면, 반드시 우리말로도 울려버릴 테다! 하는 마음으로 번역하게 돼요. 은사님의 '가즈코는 셰익스피어의 홍보를 하면 돼'라는 말을 밑거름 삼아서요.

기　　그 홍보에 제가 걸려들었네요(웃음).

마　　다들 비슷할 걸요. 『맥베스』를 오페라로 만든 작곡가 베르디도 아홉 살 때부터 셰익스피어에 푹 빠졌다고 해요. 그래서 그는 음악이라는 형태로 '홍보'를 한 셈이에요. 연극이나 독서는 관심 밖이라도 오페라는 좋다고 하는 사람들도 있어요. 베르디는 그런 사람들에게 오페라 셰익스피어를 전하고 있는 거죠.

기　　다시 생각해도 정말 위대하네요, 셰익스피어는. 여러 사람을 '먹여살린' 거잖아요.

마　　맞아요. 저는 잠잘 때 영국 쪽으로 발도 못 뻗어요(웃음).

AI 줄리엣에게 고민 상담!?

―――――――――――

기 이렇게 보면 셰익스피어는 위대한 극작가라기보다도 '포켓몬'이나 '슈퍼마리오'처럼 시대를 초월하는 캐릭터를 만들어낸 크리에이터에 더 가깝지 않을까요? 저도 캐릭터를 사용해 더 많은 사람에게 셰익스피어를 알릴 수 있지 않을까 싶어 지금 어떤 걸 개발하고 있어요. AI로 셰익스피어의 캐릭터와 노는 거예요.

마 어머!

기 개발자가 만들고 있는데요. 셰익스피어의 원문을 AI에게 전부 학습시켜서 로미오와 줄리엣에게 상담을 받을 수 있어요.

마 챗GPT 같은 건가요?

기 맞아요. 챗GPT의 셰익스피어 버전이라고 보면 돼요.

마   우와, 보여주세요.

기   로미오와 줄리엣 중에서 선택할 수 있어요. 참고로 줄리엣은 이모티콘도 써준답니다. 심지어 점도 봐주니, 잠깐 해보세요.

마   아, 줄리엣의 대사가 나오는군요. "자신감과 결단력이 높아져요." ……오오, 감격이에요.

기   "오늘은 마쓰오카 씨와 대담을 나누는 날이야"라고 로미오에게 말했더니 "훌륭한 소식이군요. 정말 꿈같은 기회예요"라고 답하네요. 또 줄리엣을 처음 만났을 때 어땠냐고 물어보니 "그야말로 운명의 만남이었죠. 가면무도회에서 그녀를 처음 봤을 때, 그 아름다움에 마음을 뺏겼어요"라고 하네요.

마   작품 내용도 잘 알고 있네요.

기   "그때 일을 잘도 기억하네"라고 했더니 "그대의 정열이 나의 기억을 되살려주네요"라고 대답했어요. 좀 셰익스피어 같죠? "고마워, 또 봐"라고 했더니 "작별의 때가 온 것인가"라는 답이 왔어요. 점점 로미오다워지고 있어요(웃음).

마   우와, 재미있네요.

사랑에 빠지는 행운점

코멘트 대모집 중!♥

> 로미오와 줄리엣의 사랑 이야기에 대해서 말해줘.

훌륭한 선택이에요. 우리의 사랑 이야기는 영원히 전해져 내려갈 것이니. 그대가 책에 우리 이야기를 어떻게 그릴지 무척 기대가 되는데, 혹시 생각하고 있는 특별한 에피소드나 장면이 있나요?

> 당신이 줄리엣에게 반한 순간.

그 순간은, 그야말로 운명의 만남이었죠. 가면무도회에서 그녀를 처음 봤을 때, 그 아름다움에 마음을 뺏겼어요. 마치 천사가 지상으로 내려온 것만 같았죠. 그대는 그 순간을 어떻게 그려낼 건가요?

메시지 입력 보내기

AI 로미오와의 대화

기 　지금 줄리엣의 대사를 잔뜩 넣고 있는데 점점 줄리엣스러운 말을 하게 되더라고요. 앞으로는 공부하다 모르는 게 있으면 줄리엣이 수학 문제의 답을 알려주는 식으로, 셰익스피어의 캐릭터들에게 뭐든 물어볼 수 있다면 더 친근하게 느껴지지 않을까요?

마 　'암살자를 어디서 섭외하면 좋을지' 이런 것도 물어볼 수도 있겠네요.(웃음)

기 　그렇게 해서 나중에 셰익스피어 연극이 눈에 띄면 한번 봐볼까란 마음이 들기만 해줘도 좋겠어요. 젊은 세대도 셰익스피어에 빠져들 수 있을 것 같아요. 누구의 번역을 학습시키느냐에 따라서도 달라질 테고, 마쓰오카 씨와 제가 셰익스피어를 즐기는 느낌을 가볍게 전할 수 있으면 좋겠어요. 셰익스피어를 모르더라도 줄리엣이나 로미오라면 왠지 친해질 수 있을 것 같잖아요. 그런 캐릭터들이 가득하다면 재미있겠다 싶었죠.

마 　셰익스피어는 역시 스토리보다 캐릭터지요. 셰익스피어의 작품 대부분이 원작을 기반으로 하는데 그 스토리는 굉장히 평이해요. 그런데도 이렇게 다이내믹한 이야기가 된 건, 매력적인 캐릭터들을 말로서 빚어냈기 때문이에요. 『로미오와 줄리엣』의 경우, 원작에서 16세인 줄리엣의 나이를 '2주 있으면 14세'로

하는 등, 캐릭터 설정 자체를 바꿨거든요.

기 『오셀로』에서도 '질투'라는 워딩을 많이 넣은 건 셰익스피어였죠. 『베니스의 상인』 설정도······.

마 원작과는 완전히 다르죠. 원래 이야기에는 샤일록이라는 이름도 없고 그냥 '유대인 고리대금업자'라고만 돼 있거든요. 셰익스피어는 원작에 없는 캐릭터를 크리에이트한 거예요.

늘 도전하는 셰익스피어

기   챗GPT 같은 생성형 AI와 셰익스피어 캐릭터는 찰떡궁합이에요. 작품이 전부 대사로 이루어져 있으니까요. 예를 들어 전국시대 무장 오다 노부나가를 AI로 만들려고 해도, 노부나가 본인의 말투가 없으니까 재현을 못하거든요. 그런데 로미오는 대사가 있으니 AI로 구현할 수 있어요.

지금 해보고 싶은 작품이 『한여름 밤의 꿈』인데, 헬레나를 AI로 설정하는 거예요. AI 로봇인 헬레나가 달을 바라보는 동안 음악이 흘러나오면서 꿈을 꾸기 시작해요. 그 꿈이 바로 『한여름 밤의 꿈』의 내용이고, 그 안에서 AI 헬레나가 사랑에 빠집니다. 데이터로 '사랑'이라는 걸 알고는 있었지만 '이게 정말 사랑이라는 건가?' 하고 느낀다는 이야기를 담아보려고 해요.

마   헬레나는 저도 정말 좋아하는 캐릭터라 그녀를 주인공으로 연극 하나를 만들 수 있을 것 같았어요. 헬레나를 AI로 만드는 것도 괜찮겠네요.

기 그밖에도 제가 연출을 많이 하지 않은 작품 중에 『뜻대로 하세요』도 있고, 아직 해보지 않은 작품이 많아서 조금씩 도전해나가고 싶어요.

마 셰익스피어도 한 작품 한 작품이 도전이었어요. 모든 작품을 번역한 입장에서 돌아보면, 그는 한 작품에서 도전했던 것을 다른 작품에서는 하지 않고, 똑같은 건 반복하지 않는다는 걸 알 수 있어요. 처음에 예로 든 『뜻대로 하세요』의 문체도 그래요. 작품 전체가 일종의 마법, 주술을 부리는 느낌이 드는데, 그게 문체에 나타나요. 그런 특징은 37개 작품 중에서 이 작품뿐이에요. 『아테네의 타이먼』이라는 작품도 번역할 때 너무 어려웠어요. 모든 캐릭터가 감정 이입을 거부하듯이 쓰여 있기 때문이죠. 그런 특징은 이 작품 하나뿐이에요. 셰익스피어는 정말로 한 작품 한 작품, 다른 데서 한 적 없는 새로운 시도를 했구나 싶어요.

기 셰익스피어 본인이 도전을 했군요.

마 맞아요, 맞아요. 그래서 번역도 항상 어려워요. 저는 작품을 맡을 때마다 "이번 게 제일 어려워"라며 꼭 투덜거렸던 것 같아요. 친한 친구가 "저번에도 그랬어"래요(웃음). 셰익스피어가 매번 새로운 것을 하니까 번역가도 도전을 해야 하죠. 『햄릿』을 번역했으니 이제 나머지는 괜찮겠지 싶었더니 대착각이었어요(웃음).

기   연출가로서도 다음 작품, 또 그다음 작품, '이번에는 어떻게 할까'가 고민이에요.

마   힘내세요, 정말로. 여러 접근법으로 셰익스피어를 다 같이 홍보하자고요.

기   셰익스피어를 연출하는 분들이 많이 계시는데, 저쪽에는 니나가와 유키오 씨와 요시다 고타로[1] 씨가 계시고, 이쪽에는 데구치 노리오 씨와 구시다 가즈요시 씨가 계시고. 이렇게 서로 의식은 하고 있어도 간섭하지 않는 게 참 좋더라고요. 기업끼리라면 서로 짓밟으려고 할 수도 있을 텐데.

마   맞아요. 경쟁심은 있더라도 서로 으르렁거리지는 않죠.

---

[1] 吉田鋼太郎(1595~) 배우 겸 연출가. 1998년 셰익스피어 연구회 〈십이야〉로 데뷔, '글로브좌 컴퍼니' 연출 〈헨리 4세〉 〈리처드 2세〉 및 니나가와 유키오 연출 〈오셀로〉 〈리어왕〉 〈안토니와 클레오파트라〉 등의 주연을 맡았다. 셰익스피어 전 37작품을 상연하는 사이타마 예술극장 프로젝트에서 고(故) 니나가와 유키오의 뒤를 이어 제2대 예술감독으로 취임했다.

기 셰익스피어의 세계를 다들 각자 즐기고 있는 느낌이 들어요. 그리고 마쓰오카 씨는 그 사이를 훨훨 날아다니는 이미지예요(웃음). 저는 그런 모습이 왠지 좋아요. 앞으로도 정말 여러 곳에서 마쓰오카 씨를 뵐 수 있으면 좋겠어요.

마 오래 살아야겠네요. 다시 읽을 때마다 새로운 숙제가 생기니까, 전작 번역을 마쳤다 해도 아직 죽을 수 없어요(웃음).

기 계속 건강하셔야 돼요. 숙제를 풀 수 있는 건 마츠오카 씨뿐이니까요(웃음).

마쓰오카 가즈코 松岡和子

1942년생. 번역가·연극 평론가. 도쿄여자대학교 문리학부 영미문학과 졸업. 도쿄대학교 대학원 석사과정 수료.
만주국 신징(현 창춘)에서 태어나, 시베리아에 억류된 아버지와 떨어져 일본으로 귀환한 뒤 친척 집을 전전하는 유년기를 보냈다. 영어 교사로 생계를 이어간 어머니의 영향 아래 영미문학과 연극에 대한 사랑을 키웠다.
영미 소설, 평론, 현대극 번역을 거쳐 1993년부터 셰익스피어 작품 번역에 힘썼다. 2021년, 전 작품 번역을 완결(지쿠마분코 출간 『셰익스피어 전집』)하였고 그 공로를 인정받아 제2회 유아사 요시코 상, 제58회 일본 번역문화상, 제69회 기쿠치 간 상, 제75회 마이니치 출판문화상, 2020년 문화청 장관 표창, 2022년 아사히 상을 수상했다.
자칭 셰익스피어의 '홍보 담당'이다.

부록

셰익스피어 연표

셰익스피어가 태어나기 전에 일어난 사건

대항해 시대	1488년 바르톨로메우 디아스가 희망봉에 도달, 1492년 콜럼버스가 '신대륙' 발견, 1498년 바스쿠다 가마가 인도 항로 개척
르네상스	14~16세기에 다빈치, 미켈란젤로 등이 활약
종교개혁	1517년 루터의 종교개혁으로 가톨릭과 프로테스탄트가 대립, 16~17세기 유럽에서 종교 전쟁 발발. 1534년 영국 국교회 성립
장미전쟁(1455~1487)	왕위 계승을 둘러싼 랭커스터 가문과 요크 가문의 내란

세계의 사건		셰익스피어
엘리자베스 여왕 즉위	**1558**	
갈릴레오 갈릴레이 탄생, 미켈란젤로 사망	**1564** 0세	스트랫퍼드어폰에이번에서 탄생(4월 23일)
	1568 4세	아버지 존, 스트랫퍼드의 읍장으로 선출(69년까지)
	1571 7세	이 무렵, 킹스 뉴 칼리지의 문법학교에 입학
	1577 13세	이 무렵부터 아버지 존, 경제적으로 허덕이기 시작
	1582 18세	8세 연상인 앤 헤서웨이와 결혼
	1583 19세	장녀 수잔나 탄생
		잃어버린 세월 (연대는 여러 설이 있음)
	1585 21세	쌍둥이 장남 햄넷, 차녀 주디스 탄생

	1587 23세	이 무렵, 런던으로 나온 것으로 추측
스페인의 무적함대를 영국 해군이 격퇴. 이 무렵, 궁정에서 과일 파이가 인기를 끌었다. 엘리자베스 여왕은 애플파이를 선호했다고 한다	**1588** 24세	
	1589 25세	『헨리 6세』 3부작 집필에 참여(~91년)
역병이 유행하여 극장 폐쇄 (1594년까지), 이듬해 93년에는 역병으로 1만 명이 넘는 런던 시민이 사망했다	**1592** 28세	이 무렵, 『리처드 3세』 『타이터스 앤드로니커스』 등을 집필
	1594 30세	이 무렵, 극단 '킹스맨' 결성, 주주가 된다. 『로미오와 줄리엣』 『존 왕』 등을 집필
	1596 32세	장남 햄넷이 사망. 아버지 존이 문장(가문의 상징) 사용을 허가받는다. 결혼식에서 『한여름 밤의 꿈』 상연. 이 무렵에 『베니스의 상인』과 『헨리 4세』 2부작을 집필

	1597 33세	고향에 뉴 플레이스 대저택을 구입하여 아내와 자녀들을 살게 한다.
	1599 35세	글로브 극장이 건설되며 주주가 된다. 글로브 극장은 『줄리어스 시저』로 개장. 이 무렵, 『헛소동』『뜻대로 하세요』『십이야』를 집필
영국, 동인도 회사 설립. 해외 무역을 추진하여 아시아와의 무역을 확대	**1600** 36세	『햄릿』을 집필
	1601 37세	아버지 존 사망
엘리자베스 여왕 사망, 제임스 1세 즉위. 일본에 에도 막부 탄생	**1603** 39세	
	1604 40세	『오셀로』 초연
세르반테스, 『돈키호테』(전편) 출판	**1605** 41세	이 무렵, 『맥베스』를 집필
	1606 42세	『리어왕』을 궁정에서 상연
영국, 현재의 미국 버지니아 주를 첫 식민지로 건설	**1607** 43세	

	1608	44세	어머니 메어리 사망
	1611	47세	마지막 작품 『템페스트』를 상연, 이 무렵 귀향?
	1613	49세	『헨리 8세』 상연 중 극장에 화재가 발생한 일을 계기로 완전히 은퇴
갈릴레이 재판 (1차. 지동설을 이단 취급)	**1616**	52세	4월 23일 사망. 향년 52세
	1623		첫 희곡 전집 (퍼스트 폴리오) 출판
베스트팔렌 조약 체결. 종교전쟁이 종결되고 주권 국가 체제 성립	**1648**		

※**참고**
산세이도 『셰익스피어 핸드북』, 중앙공론 신서 『셰익스피어: 인생극장의 달인』,
Knopf Doubleday Publishing Group 『Shakespeare: The Biography』

셰익스피어 주요 캐릭터 도감

ⓒImage courtesy of The Metropolitan Museum of Art, Public Domain. Title: Pity, Artist: William Blake(British, London 1757-1827 London), Date: 1795, Object Number: 58.603

줄리엣

『로미오와 줄리엣』

사회경험치 ★
사랑하는 힘 ★★★★★
용감함 ★★★★

사랑에 살며 모든 것을 바치는 14세

> **해설**
> 이제 2주 후면 14세가 되는, 샘물처럼 촉촉한 눈동자를 가진 아직 세상 물정 모르는 귀족의 딸. 좋은 교육을 받고 부모의 말을 잘 따르는 순종적인 아이였지만, 로미오를 만난 순간 사랑에 빠진다. 사랑해선 안 되는 사람일지라도 한번 이 사람이다 마음을 정하면 부모가 뭐라 하든 꿈쩍도 하지 않고 사랑을 향해 내달리는 폭발적인 에너지의 소유자.

©Image courtesy of The Metropolitan Museum of Art, Public Domain. Title: Miss O'Neill as Juliet, Engraver: James Godby, Date: May 29, 1815, Object Number: 17.3.756-2072

리어왕

『리어왕』

전투력 ★★★★
다정함 ★
미워할 수 없는 레벨 ★★★

왠지 모르게 미워할 수 없는 고집불통 할아버지

> **해설**
> 평균 수명이 30대인 세계에서 80세까지 살아버린 늙은 왕. 완고한 성격과 낡은 가치관으로 가끔씩 주변 사람들에게 폐를 끼친다. 기사들을 거느리고 화려하게 노는 것이 취미. 세 딸을 깊이 사랑하지만 진정한 사랑은 놓쳐버리고, 결국 빈털터리가 되어 알몸으로 황야를 헤맨다. 그래도 왕으로서의 위엄만큼은 잃지 않는다. 현대에 비유하자면, 권력에 집착해 쉽게 내려놓지 않으려는 정치가쯤일까.

ⓒImage courtesy of The Metropolitan Museum of Art, Public Domain. Title: King Lear, Engraver: William Sharp, Date: 1783, Object Number: 17.3.1448

포샤

『베니스의 상인』

재산 ∞
말괄량이 ★★★
인기도 ★★★★★

남자들을 쥐락펴락하는 남장한 지략가

> **해설**
>
> 세계 최고 부호의 딸. 아름다운 그녀에게 추근대는 남자들은 많지만, 돌아가신 아버지의 유언에 따라 상자 고르기 테스트를 통과한 사람과 결혼해야만 한다. 마침내 결혼한 바사니오를 위해서라면 아낌없이 베푼다. 남편의 친구를 구하기 위해 남장을 하고 재판에 뛰어들어 남자들을 손바닥 위에 굴리며 계획한 대로의 판결을 내린다. 장난꾸러기이면서 머리가 비상한 인물.

©Image courtesy of The Metropolitan Museum of Art, Public Domain. Title: Portia, Artist: Sir John Everett Millais, Date: 1886, Object Number: 06.1328

리처드 3세

『리처드 3세』

나르시시스트 레벨 ★★★★★
스마일 ★★★★★
악랄함 레벨 ★★★★★

살인은 식은 죽 먹기. 매력적인 악당

> **해설**
> 흉하고 부자유스러운 몸을 가진 셋째 아들. 멋있는 형이 왕이 되고, 자신은 왕이 되지 못한다는 절망 속에 악당으로 살고자 다짐한다. 말이 청산유수라 타고난 화술을 구사하여 수단과 방법을 가리지 않고 남을 속이며, 온갖 욕설을 퍼붓고, 때로는 살인도 서슴지 않는다. 특기는 웃는 얼굴로 사람 죽이기. 온갖 악행을 저지르는데도 그 악랄함의 매력에 끌린 팬들이 많다.

©Image courtesy of The Metropolitan Museum of Art, Public Domain. Title: Mr. Garrick in the Character of Richard III, Engraver: Charles Grignion, Date: June 20, 1746, Object Number: 32.35(238)

햄릿

『햄릿』

우유부단함 ★★★★★
사명감 ★★★★
행동력 ★

인간이란? 끊임없이 고뇌하는 중얼중얼 왕자

> **해설**
> 돈 많은 왕자. 공부도 운동도 뛰어나 문무를 겸비했다. 전도유망해서 기대를 받았지만, 아버지가 세상을 떠난 후 그토록 싫어하던 숙부가 어머니와 재혼을 하자 이 세상이란 무엇인지, 인간이란 무엇인지 깊은 고뇌에 빠져 끊임없이 혼잣말을 중얼거리는 사람이 되었다. 아버지를 살해한 범인을 밝혀내기 위해 겉으로는 밝은 어릿광대처럼 행동하며 진실을 쫓지만, 결국 주변 사람들까지 비극으로 몰아넣고 마는데……

©Image courtesy of The Metropolitan Museum of Art, Public Domain.
Title: The Queen Tries to Console Hamlet, Artist: Eugene Delacroix,
Date: 1834, Object Number: 22.56.5

맥베스 부인

『맥베스』

출세욕 ★★★★
자신감 ★
남편에 대한 사랑 ★★★★★

권력을 위해서라면 무엇이든 하는 행동파

> **해설**
> 맥베스 장군의 아내. 사랑하는 남편의 출세를 위해 '왕을 죽이세요'라고 부추긴다. 권력을 손에 넣기 위해서라면 마치 악마에게 영혼을 판 듯이 눈빛이 변한다. 행동력이 뛰어나고, 의욕 없는 사람을 싫어한다. 이상을 추구하는 동시에 현실주의자이기도 하며, 스스로 저지른 죄에 시달려 잠 못 이루고 몽유병에 걸린다.

©Image courtesy of The Metropolitan Museum of Art, Public Domain, Title: Lady Macbeth, Macbeth and the Murder of Duncan, Engraver: Charles Rolls, Date: 1825-40, Object Number: 41.91.153

퍽

『한여름 밤의 꿈』

유머 ★★★
성급함 레벨 ★★★★★
운 ★★★★★

장난을 좋아하는 덜렁이 요정파

해설

장난을 좋아하는 요정 나라의 인기인. 분위기를 잘 띄우지만 경솔하다. 대답은 잘하지만 남의 이야기를 잘 듣지 않아서 시킨 일을 대부분 반대로 한다. 하지만 운이 좋게도 항상 좋은 결과로 이어진다. 특기는 성대모사와 40분 만에 지구 한 바퀴 돌기. 당신 주변에 이상한 일이 일어난다면, 그건 퍽의 장난일 것이다.

©Image courtesy of The Metropolitan Museum of Art, Public Domain.
Title: A Midsummer Night's Dream, Engraver: Samuel Cousins, Date: 1857, Object Number: 47.30.46

타모라

『타이터스 앤드로니커스』

전투력 ★★★★★
자식에 대한 애정 ★★★★★
잔인함 ★★★★★

복수의 화신이 된 비극의 여왕

> **해설**
> 한 나라의 여왕. 자식을 끔찍이 사랑해서 아들들이 원하는 일이라면 무자비한 행동도 서슴지 않는다. 적국에 포로로 잡혀 장남을 잃은 후로 복수귀가 된다. 상대 황제가 한눈에 반할 정도의 미모를 이용해 적의 진영에 들어가고, 최후에는 자신의 아들들로 만든 파이를 먹는 충격적인 결말을 맞이한다. 옷과 노래와 화려한 것을 좋아한다.

©Image courtesy of The Metropolitan Museum of Art, Public Domain. Title: Aaron and Tamora, Engraver: Charles Heath, Date: 1825-40, Object Number: 41.91.162

성격유형별 추천 작품

©Image courtesy of The Metropolitan Museum of Art, Public Domain. Title: "King Lear," Act I, Scene I, Artist: Edwin Austin Abbey(American, Philadelphia, Pennsylvania 1852-1911 London), Date: 1898, Object Number: 13.140

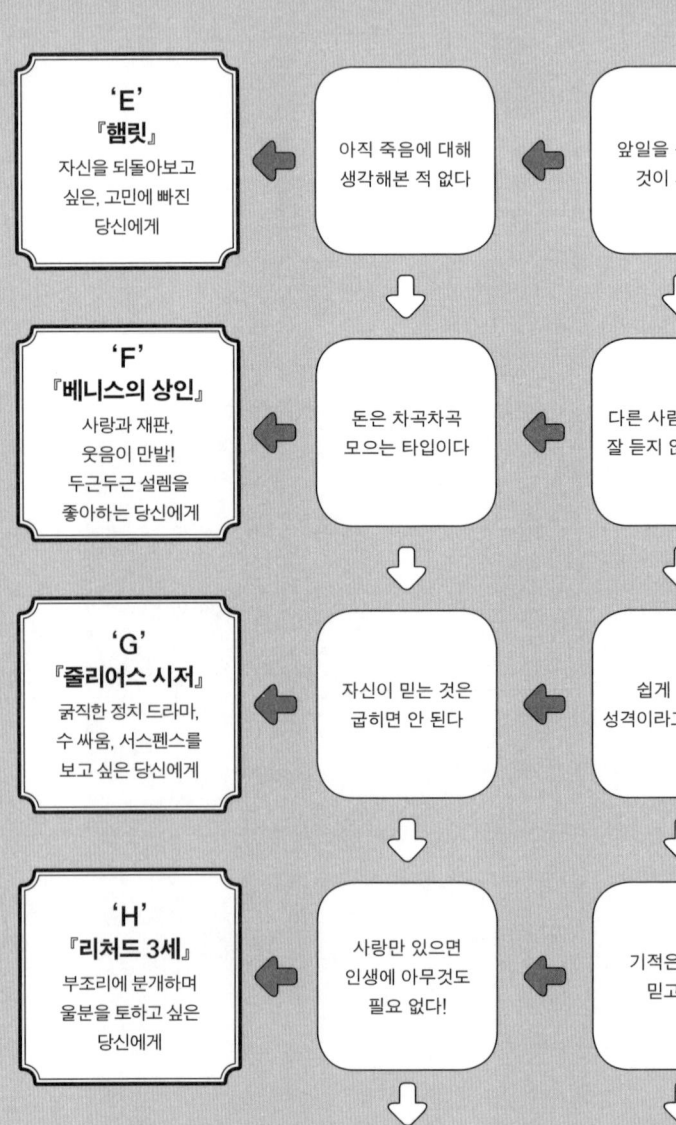

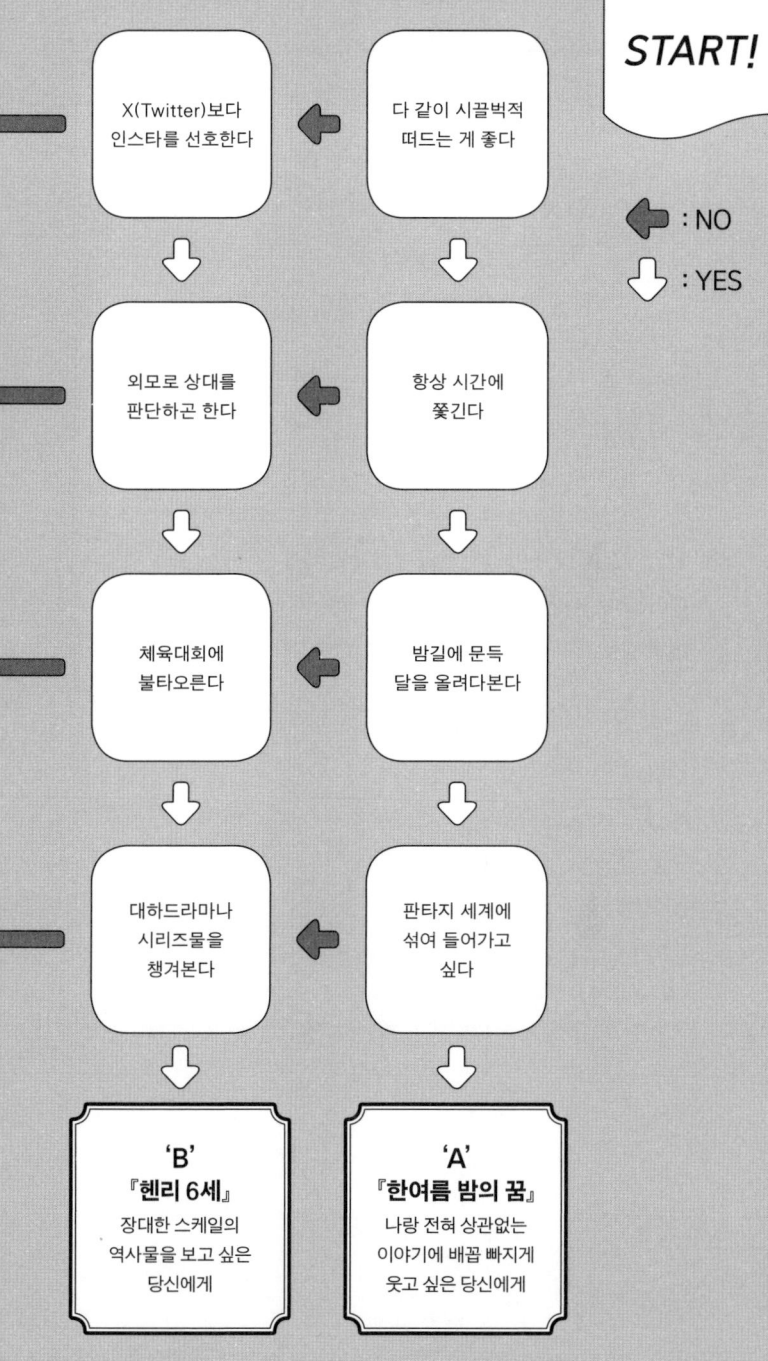

'A'
한여름 밤의 꿈
A Midsummer Night's Dream

현실 세계의 고민이 싹 날아가는 판타지

일, 인간관계, SNS에 지친 당신에게는 『한여름 밤의 꿈』이 딱이다! 무대는 아테네. 사랑에 빠진 네 사람이 사회를 팽개치고 숲으로 갔더니, 그곳은 시끌벅적 우당탕탕 요정들 천지. 요정 퍽이 별빛 아래를 이리저리 날아다니고 당나귀 머리로 변신한 아저씨와 요정의 여왕이 사랑에 빠지는 등, 사랑의 마법에 걸려 모든 것은 뒤죽박죽! 그런데도 마지막은 해피엔딩. 다 보고 나면 현실 세계의 피로와 답답함이 전부 해결될지도?

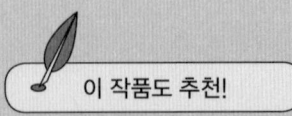
이 작품도 추천!

실수 연발 The Comedy of Errors
직장에서도 일상생활에서도 실수 연발이라 의기소침. 그런 당신에게는 실수에 실수가 이어져 결국 모두 행복해지는 이 이야기를 추천한다. 얼굴이 똑같이 생긴 쌍둥이 두 쌍이 생이별을 하고, 20년 후에 동시에 나타나 마을은 대혼란에 빠진다! 마지막에는 헤어졌던 가족이 재회하며 감동의 피날레.

십이야 Twelfth Night
남장한 비올라가 공작을 보고 첫눈에 반한다. 여기에 남장한 비올라를 보고 귀족 영애 올리비아가 첫눈에 반한다. 좌충우돌이지만 조금은 가슴 저미는 로맨틱 코미디.

'B'
헨리 6세
Henry the Sixth

'셰익스피어'가 전부 담긴 대하 사극

셰익스피어의 세계에 푹 빠지고 싶다면 이것! 장미 전쟁을 배경으로 펼쳐지는 붉은 장미와 흰 장미의 장대한 싸움. 나약한 왕 헨리 6세가 이끄는 랭커스터 가문의 운명은 어떻게 될까? 많은 등장인물 가운데에서도 최애 캐릭터는 마가렛. 로미오와 줄리엣처럼 사랑을 하고, 맥베스 부인처럼 권모술수를 궁리하며, 이윽고 대군을 이끄는 장군이 된다. 한 여성의 성장기로 봐도 정말 재미있다. 데뷔작이지만 셰익스피어의 모든 것이 담겨 있다.

 이 작품도 추천!

맥베스 The Tragedie of Macbeth
처음 셰익스피어를 읽는다면 이 작품. 독한 아내와 수상한 마녀들의 영향으로 장군 맥베스의 손은 피로 물들어간다. 숨 막히는 전개가 펼쳐지고, 마지막에는 숲이 움직인다. 은유로 넘치는 세계관을 즐길 수 있다. 이 작품을 읽느냐 마느냐에 따라 인생이 달라진다.

헨리 4세 King Henry the Fourth
방탕한 아들 할 왕자는 선술집에 틀어박혀 허풍쟁이 기사와 말썽을 부리지만, 곧 자신의 역할에 눈을 뜨고……. 눈물 없인 볼 수 없는 성장 스토리.

'C'
겨울 이야기
The Winter's Tale

기적 같은 엔딩을 보면 인생을 긍정하고 싶어진다

국왕의 친구가 방문한다. 하지만 그를 대접하는 아내의 모습에 왕은 질투에 사로잡힌다. 그토록 사랑하는 아내를 자기 손으로 재판에 넘긴 왕이 일으킨 비극……인 줄 알았더니, 상상을 초월하는 기적 같은 결말이 펼쳐진다. 어떤 역경이 있더라도 우리의 세계는 반드시 행복과 연결된다, 끝까지 믿고 살아가자, 라고 인생을 긍정하고 싶어지는 작품. '이게 바로 연극이다!' 그야말로 연극의 정석 같은 작품이니 만약 상연한다면 꼭 보러 가기를 추천!

 이 작품도 추천!

페리클레스 Pericles, Prince of Tyre
가족에게 닥친 가혹한 운명과 회복을 그린 만화경 같은 이야기. 주인공의 딸이 매음굴에 팔려가지만, 말을 통해 진상 손님들을 뉘우치게 만드는 장면이 압권이다. 그 어떤 시궁창이라도 희망과 유머는 존재하며, 세상은 기적으로 가득 차 있다는 것을 깨닫게 해주는 판타지.

템페스트 The Tempest
유배를 가게 된 프로스페로는 마법의 힘을 손에 넣었다! 꿈같은 장면이 잇따라 펼쳐지는, 언어의 마술사 셰익스피어의 마지막 작품.

'D'
로미오와 줄리엣
Romeo and Juliet

내 안의 로미오와 줄리엣을 만나다

오로지 한 가지 생각에 몰두해 앞만 보고 달리는, 그런 14세로 돌아가고 싶다면 이 작품! 어쨌거나 귀여운 두 사람, 그리고 당신 안에 있는 로미오와 줄리엣을 만날 수 있다. 당신이 어른이라면 사회에서 결단을 내리는 어른들의 모습이 가슴에 와 닿을 것이다. 관계의 제약 속을 내달리는 에너지, 동시에 덧없는 운명. 쏟아지는 사랑의 말을 듬뿍 맞고 나면 어느새 사랑을 하고 싶어지는 작품.

이 작품도 추천!

뜻대로 하세요 As You Like It
신분과 성별을 숨기고, 좋아하는 사람끼리 서로서로 추파를 던진다!? 그 엇갈림까지 전부 다 유쾌한, 아덴 숲을 배경으로 연인들이 펼치는 로맨틱 코미디. 매일을 악착같이 살아가는 세계에서 잠시 벗어나, 어쨌거나 좋은 연극에 폭 빠질 수 있는 작품.

말괄량이 길들이기 The Taming of the Shrew
말괄량이 숙녀를 '조련'하는 이야기로, 돈과 명예와 여자를 쫓는 남자들을 웃음거리로 삼는다. 공연을 올리는 사람들의 역량이 중요한 작품인데, 그 점이 또 하나의 재미.

'E'
햄릿
The Tragedy of Hamlet, Prince of Denmark

인생의 갈림길마다 다시 보고 싶은 대표작

벽에 부딪히고 헤매고 옴짝달싹 못 할 때. 인생에 그런 국면이 찾아오면, 그때마다 다시 보고 싶어지는 작품. '내가 살고 있는 세계는 이대로 괜찮은가?' 의문을 가진 햄릿 왕자는 눈에 보이는 것이며 만나는 사람들 모두에게 겁을 먹으면서도 자문자답을 이어간다. 생각에 생각을 거듭하여 자신의 내면을 깊숙이 파고 들어가는 햄릿. 관객은 마치 거울처럼 그의 고민을 함께 체험하며 자기 자신을 되돌아보는 여행을 떠나게 된다. 셰익스피어의 대표작이자 '지금'을 그리는 작품.

 이 작품도 추천!

리어왕 The Tragedy of King Lear
인간으로 태어났다면 한 번은 보고 싶은, 셰익스피어의 최고봉. 딸들의 사랑을 시험한 결과 리어왕은 나락으로 떨어지고, 반면 두뇌 회전이 빠른 젊은이는 승승장구한다. 인생의 상승과 하강이 동시에 그려지며, 다 본 다음에는 '느낀 점'을 나누고 싶어 근질근질해지는 작품!

아테네의 타이먼 The Life of Tymon of Athens
사람은 돈 때문에 이렇게 변하는가. 주인공의 영광과 몰락을 통해 인간의 추악한 부분이 폭로되는, 아이러니로 가득한 작품.

'F'
베니스의 상인
The Merchant of Venice

사회인에게 추천! 한 치 앞도 내다볼 수 없는 오락극

얼핏 견실해 보이는 고리대금업자 샤일록과 과감한 투자를 하는 상인 안토니오. 쌍방의 가치관이 부딪치는 이야기와 상자 고르기로 결혼 상대를 정하는 이야기가 얽히고설키는 다층적인 전개. 자기 신체를 내건 투자와 장래를 점치는 상자 고르기의 결말은……. 연이어 펼쳐지는 '이게 뭐야?' 싶은 전개에 놀라고 웃다 보면 어느새 자신의 가치관을 확인할 수 있는 리트머스 시험지 같은 작품. 일하는 사람들에게 강력히 추천하고 싶다!

이 작품도 추천!

베로나의 두 신사 The Two Gentlemen of Verona
셰익스피어가 테크닉을 익히기 전의 풋풋함을 맛볼 수 있는 초기 작품. 연애 리얼리티 쇼에 나오는 삼각관계처럼 연애나 인간관계의 '핵공감 요소'를 가득 담았다. 이리 튀고 저리 튀는 전개에 마지막에는 대반전까지, 마치 장난감 상자 같은 즐거운 오락극.

헛소동 Much Adoe About Nothing
재치 넘치는 대화의 찰떡호흡으로 사랑이 실현되어 가는, 남녀 두 쌍의 살짝 장난기 어린 연애극. 어른 커플에게 추천.

'G'
줄리어스 시저
The Tragedy of Julius Caesar

손에 땀을 쥐게 하는 수 싸움에 두근두근!
격조 높은 서스펜스

'브루투스, 너마저.' 손에 땀을 쥐는 수 싸움을 보고 싶다면 이 작품. 카리스마 리더가 민중을 휘어잡는 게 좋을까, 다 같이 의견을 맞춰가며 진행하는 게 좋을까. 아직 결론이 나지 않은 이 주제를 그리면서 동시에 누구나 품은 사랑, 우정, 의리 등 개인의 마음까지도 그려나가는 어른의 격조 높은 서스펜스. 시저, 브루투스처럼 매력적인 등장인물이 가득한 것은 물론, 이 책에서도 소개한 안토니의 연설은 말로 사람을 어떻게 설득하고 움직이는지를 보여준다.

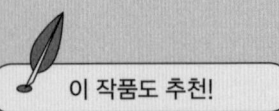
이 작품도 추천!

헨리 5세 The Life of King Henry the Fifth
『헨리 4세』의 할 왕자가 왕(헨리 5세)에 오른 시점에서 시작된다. 배경은 프랑스를 상대로 한 백년 전쟁. 단호함과 잔혹함을 겸비하여 한 나라를 이끄는 리더로 성장한 헨리 5세. 전쟁 그 자체가 아니라 그 안에서 보이는 인간의 모습을 그려냈다.

코리올라누스 Coriolanus
셰익스피어의 마지막 비극 작품. 시민과의 긴장 관계, 어머니와 자식의 관계 안에서 항상 선택에 몰리는 장군 코리올라누스의 결단이 볼거리.

'H'
리처드 3세
The Tragedy of Richard the Third

터무니없이 악한 인생으로부터 오히려 샘솟는 삶의 힘!

'착한 사람'에 지쳤다면 읽어볼 것. 콤플렉스 덩어리인 리처드 3세가 왕이 되고픈 꿈을 실현하기 위해 살인이든 배신이든 닥치는 대로 해버린다. 누구나 마음속에 가진 부정적인 감정, 부조리한 마음을 훌륭하게 말로 표현하여 리처드 3세의 삶으로 그려낸다. 이 작품이라면 자신의 손을 더럽히지 않고도 악에 물들어가는 조마조마함을 경험할 수 있다. '내가 리처드 3세였다면?'을 생각하면서 보면 재미 UP!

이 작품도 추천!

오셀로 The Tragedy of Othello, The Moore of Venice
인간관계가 잘 풀리지 않는 것은 대부분 질투가 원인. 오셀로 장군은 왜 나를 부관으로 임명하지 않았을까……. 이아고의 이러한 질투심이 비극의 시작이었다. 이아고의 속삭임에 파멸의 길로 가는 오셀로. 그의 마음에 일어나는 섬세한 변화에 주목하자.

타이터스 앤드로니커스 The Lamentable Tragedy of Titus Andronicus
눈을 돌리고 싶어질 만한 장면이 이어지지만, 부디 마음만은 외면하지 말고 마주해보자. 당신 안의 고독과 슬픔을 긍정해주는 비극.

에필로그

여러분은 5막 구성으로 펼쳐진 셰익스피어 여행을 훌륭히 마치고 돌아오셨습니다. 이곳이 무대였다면 한 분 한 분 무대로 모셔 커튼콜을 하고 싶을 정도예요.

셰익스피어 여행을 함께한 여러분이라면 아시겠지만, 그와 마주하는 것은 '정답'을 찾는 작업도, '알았다!' 하고 깨달음으로 무릎을 치는 일도 아닌, 연달아 벌어지는 삶의 문제들을 즐기며 뛰노는 일입니다. 그러다 보면 인간에 대한 이해가 깊어지고, 세상을 내다보는 시야도 넓어지지요.

셰익스피어가 그린 세계는, 얼핏 우리가 살아가는 현대 세계와 상황이 달라 보이지만 사실 어느 시대에나 인간이 직면하는 사건들로 가득 차 있습니다.

그래서 마지막으로 셰익스피어 여행을 마친 여러분과 한 가지 문제를 함께 나누고자 합니다. 바로 AI와 전쟁, 인구 변화, 기후 위기 등 셰익스피어가 살던 시대 못지않게 거대한 전환이 일어나는 지금, 우리들 한 사람 한 사람은 무엇을 소중히 여기며 살아가야 할까라는 물음입니다.

이 책에서 다룬 셰익스피어의 5개의 시간은, 앞으로의 시대를 더 즐겁게 살아가기 위해 가장 중요한 요소들로 골랐습니다. 사실, 이 시대에 인류가 소중히 여겨야 할 것들이 고스란히 셰익스피어 속에 녹아 있죠.

'말'은 AI가 손쉽게 양산해낼 수 있는 지금 시대에 자신의 말, 그러니까 감정이나 열정을 담아 타인의 마음을 움직이는 말을 빚어내는 능력이 점점 더 중요해지고 있습니다.

또한 개성 넘치는 여러 캐릭터가 활약하고 전개를 예측할 수 없는 셰익스피어의 '이야기'는, 아주 가까운 미래조차 예측하기 어렵고 다양한 배경을 가진 사람들과 공존해야만 하는 이 시대에 어떤 상황이 와도 흔들리지 않는 강인한 마음을 길러줍니다.

'낭독'은 특히 중요합니다. 우리의 목소리, 손발, 몸을 충분히 활용해 놓고 표현하는 것은 가상 세계에서는 실감할 수 없는 인간의 재미를 몸으로 느끼게 해줍니다.

게다가 또 하나의 지구를 만드는 '연출'의 사고방식을 익히면, 미래에 어떤 세상을 만들어갈지 설레는 마음으로 자신만의 비전을 키워갈 수 있습니다.

그리고 셰익스피어가 혼돈의 시대를 어떻게 살아남았고, 거기서 얻은 경험을 작품 속에서 어떻게 그렸는지 '타임머신'을 타듯 역사를 배우는 일은, 우리가 앞으로 어떻게 살아가야 할지 방향을 알려주는 나침반 역할을 할 것입니다.

우리가 셰익스피어를 보고 읽을 때 얻을 수 있는 것은, 단순한 지식도 표면적인 교양도 아닌, 현재와 미래를 즐겁게 살기 위한 무기입니다. 이 무기는 아무도 상처 입히지 않으며, 세상을 더 재미있게 만들고, 미래를 헤쳐 나가게 해줍니다. 시대가 혼란스럽고 크게 변화할수록 셰익스피어는 제힘을 발휘할 거예요.

마지막으로 『맥베스』의 투모로우 스피치로 이 책의 막을 내리려고 합니다. 마쓰오카 가즈코 씨와 대담을 나눈 '번역의 시간'에서도 언급했지만, 셰익스피어가 우리에게 남긴, 시공을 초월한 숙제라고도 할 수 있는 말입니다.

> 내일로, 또 내일로, 또 내일로,
> 터벅터벅 그날그날의 걸음을 작게 떼며,
> 역사라는 기록의 마지막 한마디에 다다른다.
> 모든 어제는, 어리석은 인간이 흙으로 돌아가
> 죽음으로 향하는 길을 비춰왔다.
> 꺼져라, 꺼져, 찰나의 등불이여!
> 인생은 고작해야 걸어가는 그림자, 가여운 연기자,
> 등장하는 동안에는 무대에서 화려함을 뽐내도
> 무대 옆으로 빠지면 그뿐이다.
> 백치들이 떠드는 이야기, 광란의 아우성만 가득하고,
> 이치에 맞는 의미 따윈 없다.
>
> 『맥베스』 제5막 제5장

'내일'은 경험해본 적 없는 새로운 역사의 한 페이지입니다.

즐거운 일도, 경험하고 싶지 않은 일도 일어나겠지요. 그런 내일로, 우리는 원하든 원하지 않든 나아가야 합니다. 지금 역사의 최전선에 있는 우리는 무엇을 소중히 여기며 내일을 살아가야 할까요? 인생 자체에 '이치에 맞는 의미 따윈 없다'고 할지라도, 아니, 아무런 의미도 없기 때문에 오히려 자기 나름대로의 '해석'를 철저히 탐구하고, 철저히 'PLAY'해도 좋을 겁니다.

『맥베스』의 말을 어떻게 해석할까에 정답은 없습니다.
어떻게 읽을까, 어떻게 느낄까.
어떻게 표현하고, 어떻게 연출할까.
그것은 당신의 몫입니다.
부디 말을 마음껏 '셰이크'해서,
자신이 찾아낸 확신을 '스피어'하세요.

지금까지 셰익스피어의 말을 오감을 통해 흠뻑 뒤집어쓴 여러분은, 풍부한 감수성으로 살아가는 일 자체를 즐기는 힘을 자신도 모르는 사이 몸에 익혔습니다. 셰익스피어와 만나기 전과 후에는 인생의 질량이 결정적으로 달라집니다. 그러니 자신감을 갖고 미래를 향해 여행을 떠나세요.

이제 셰익스피어는 여러분의 든든한 친구가 되었습니다.
최고의 친구, 그리고 듬직해진 당신 앞에
내일로, 막이 열리려 하고 있어요.

감사의 말

이 책을 집필하면서 많은 분의 도움을 받았습니다. 선배들의 지도 없이 지금의 저는 없었습니다. 영문학자 오하시 요이치 선생님, 연출가 고 데구치 노리오 선생님, 벤처 캐피털리스트 무라구치 가즈타카 씨, 배우이자 연출가 구리타 요시히로 씨, 그리고 번역가 마쓰오카 가즈코 씨에게 많은 가르침을 받았습니다.
이 책은 '호보니치 학교' 셰익스피어 강좌에서 이루어진 만남을 통해 기획되었습니다. 호보니치 대표 이토이 시게사토 씨, 강사로 저를 발탁해주신 고노 미치카즈 씨 덕분입니다. 이 자리를 빌려 도움을 주신 모든 분에게 깊은 감사의 말씀 드립니다.
저는 연극 작품을 만들며 셰익스피어를 탐구해왔습니다. 가쿠신한의 활동을 통해 만난 모든 관객 여러분, 그리고 창작 활동을 함께한 모든 배우, 스태프들, 가쿠신한이라는 자리를 같이 만들어온 운영 스태프들에게는 아무리 감사해도 모자랍니다. 정말 정말 힘든 여정을 함께 해주셔서 고맙습니다. 마지막으로 이 책은 편집자 데키 고스케 씨와 협동하여 완성했습니다. 긴 시간 동안 진득하게 마주해주셔서 감사합니다. 셰익스피어의 여행을 응원해준 아내, 그리고 곧 14세가 될 아이에게 이 책을 바칩니다.

셰익스피어 영감노트

초판 발행 · 2025년 8월 20일

지은이 · 기무라 류노스케
옮긴이 · 김소영
발행인 · 이종원
발행처 · (주)도서출판 길벗
브랜드 · 더퀘스트
출판사 등록일 · 1990년 12월 24일
주소 · 서울시 마포구 월드컵로 10길 56(서교동)
대표전화 · 02)332-0931 | 팩스 · 02)323-0586
홈페이지 · www.gilbut.co.kr | 이메일 · gilbut@gilbut.co.kr
대량구매 및 납품 문의 · 02)330-9708

기획 및 편집 · 송혜선 | 제작 · 이준호, 손일순, 이진혁 | 마케팅 · 정경원, 김선영, 정지연, 이지원, 이지현 | 유통혁신 · 한준희 | 영업관리 · 김명자, 심선숙 | 독자지원 · 윤정아

디자인 및 전산편집 · 이정현
CTP 출력 및 인쇄 · 정민 | 제본 · 정민

· 더퀘스트는 (주)도서출판 길벗의 인문교양, 비즈니스 단행본 브랜드입니다.
· 이 책은 저작권법의 보호를 받는 저작물로 이 책에 실린 모든 내용, 디자인, 이미지, 편집 구성은 허락 없이 복제하거나 다른 매체에 옮겨 실을 수 없습니다.
· 인공지능(AI) 기술 또는 시스템을 훈련하기 위해 이 책의 전체 내용은 물론 일부 문장도 사용하는 것을 금지합니다.
· 잘못 만든 책은 구입한 서점에서 바꿔 드립니다.

ISBN 979-11-407-1543-5 03800
(길벗 도서번호 040315)
정가 19,000원

독자의 1초를 아껴주는 정성 길벗출판사

(주)도서출판 길벗 www.gilbut.co.kr
IT단행본&교재, 성인어학, 교과서, 수험서, 경제경영, 교양, 자녀교육, 취미실용

길벗스쿨 www.gilbutschool.co.kr
국어학습, 수학학습, 주니어어학, 어린이단행본, 학습단행본

추천의 글

모든 이야기에는 생명이 있어 길거나 짧은 수명 끝에 사라져갑니다. 자리를 스쳐 가는 어떤 이야기는 찰나의 수명 끝에 휘발하지만 어떠한 이야기는 오랫동안 우리 곁을 맴돌죠. 그리고 어떤 이야기는 영생을 얻기도 합니다. 우리는 그러한 이야기를 고전이라고 부릅니다.

고전을 하나 출산하면 그 작가는 거장의 반열에 오릅니다. 하지만 고전을 하나도 아니고 여러편 수태하면 그 작가는 어떻게 될까요? 셰익스피어가 됩니다. 셰익스피어 이외에 그러한 존재가 인류사에서 아직 없었기 때문에 다른 표현을 고를 수 없습니다. 따라서 이야기를 만들거나 연구하는 이에게 셰익스피어는 피해갈 수 없는 성지입니다.

그의 작품 내면의 지형과 기후, 구조는 수많은 영감의 보고입니다. 그런 의미에서 이 책은 가장 유명하지만 의외로 많은 이들이 가보지 않은 엄청난 외경을 안내해 줄 좋은 지도가 되어줍니다.

빠르게 읽었고 정신없이 빠져들었습니다. 의미와 재미가 모두 있었습니다.

_이종범(웹툰『닥터 프로스트』작가, 〈이종범의 스토리캠프〉)

셰익스피어. 누구나 그 이름은 알고 있지만 정작 그의 희곡을 읽어본 사람은 드물다. 그러나 셰익스피어라는 작가는 몰라도 '로미오'와 '줄리엣'은 익숙하고, 누군가 "사느냐, 죽느냐"라고 운을 띄운다면 "그것이 문제로다."라는 답이 따라붙을 것이다. 가깝고도 먼, 익숙하면서도 낯선 위대한 극작가 셰익스피어.

이 책은 셰익스피어의 세계를 친절하고 다채롭게 보여주면서도 그를 이해하는 데에 정답이 있다고 말하지 않는다. 대신 셰익스피어를 통해 인간을, 세상을, 그리고 '나'를 이해하는 길을 알려준다. 셰익스피어의 글을 읽고, 말하고, 놀면서 우리의 세계를 넓히는 방법이 여기 있다.

나 역시 그런 경험이 있다. '포샤'의 대사를 경상도 사투리로 읊으면서 느꼈던, 셰익스피어의 문장이 내 말이 되는 순간의 짜릿함과 〈줄리엣과 줄리엣〉을 통해 세상에서 가장 유명한 헤테로 로맨스물을 퀴어들의 이야기로 바꿔버렸을 때 느꼈던 벅찬 감동을 잊을 수 없다.

그러니 모두 각자의 방식으로 셰익스피어와 마음껏 놀아보시길. 셰익스피어니까 뭐든 다 괜찮을 것이다.

_한송희(배우·극작가, 〈줄리엣과 줄리엣〉)